人間遊戲

遊戲

The Basic

Handbook

of

Transactional

Analysis

★「PAC模型」×36種日常心理遊戲，洞悉人的性格與心理狀態，迅速和各種人有效地互動

GAMES
PEOPLE PLAY

人際溝通分析之父｜艾瑞克·伯恩經典著作

艾瑞克·伯恩———著　林曉欽———譯

**ERIC
BERNE, M.D.**

目錄
Contents

PART I 心理遊戲分析
Analysis of Games

PART II 心理遊戲辭典
A Thesaurus of Games

新導論：彷彿開了一扇門

New Introduction: As if Suddenly a Door

詹姆斯・艾倫，醫學博士（James R. Allen, M.D.）

　　四十年前一個寒冷的冬天清晨，我的指導教授送我一本《人間遊戲》，強調儘管書名奇特，但作者可是推動精神醫學前進的巨輪。當時，正值我在魁北克麥基爾大學（McGill University）擔任第一年精神科住院醫生期間，而指導教授海因茲・雷曼醫學博士（Heinz Lehman）無疑是北美地區最舉足輕重的精神科醫生。幾年前，他在北美地區首度以氯丙嗪（Thorazine）治療思覺失調症（schizophrenia），是治療嚴重精神疾病患者革命性的一步。

　　當時，我和雷曼醫生都不知道艾瑞克・伯恩成長於蒙特婁，也畢業於麥基爾大學。五年後，我在舊金山參加伯恩的研討團體時，才更進一步知道我們之間還有許多相似的經歷：我們的第一個學位都是古典學，對於過去如何影響人們——有些人任由過去決定自己是誰，另一些人則以過去做為自身行事的

Games People Play. The Basic Handbook of Transactional Analysis

人間遊戲

準則——也都深感興趣。然而,伯恩最令我印象深刻之處,莫過於他以下這四種鮮明的人格特質:強烈的求知欲、敏銳的專注力、怪異、冷面笑匠般的幽默,以及在人際互動的混亂表象下,看見秩序和規律的能力。

讀者將在閱讀本書的過程中發現上述特質。伯恩遊戲分析的強項之一,便是連結個人的內在經驗和人際關係行為,包括心理的和社會的角度,以及此刻和長久以來的經歷。他為了描述遊戲而賦予的名稱更是出人意表,且不時表現出幽默感,由此引領我們再次審視,進而用不同的角度看待事物,並以溫和的幽默感重新認識自己。

即便不是全然地出於惡意,某些讀者可能會顯得自得意滿地將這本書送給配偶或朋友,並說:「兄弟,他是不是看穿你了?」然而,這並非伯恩的本意。他確實邀請我們嘲笑自身的荒謬和怪癖,但他的幽默絕無惡意。反之,這本書猶如一扇展現在我們面前的大門,任由我們兀自推開,而伯恩也為了治療患者,開創了另一扇門。他會清楚明確地詢問個案——「你希望改變什麼?倘若你真的改變,我們如何得知?」——這些問題最終鮮明地勾勒出目標,也因此有了明確的準則用以判斷心理治療的成功與否——促使治療的過程不致失焦。「我不進行團體治療,」他曾這麼說。「我志在治癒人們。」

一九六四年,為了出版《人間遊戲》,伯恩和友人共同出資,用以支付出版商相關費用。而當初拒絕出版的人無不跌破

眼鏡，因為《人間遊戲》勢如破竹，竟成為暢銷書，書中提及的詞彙如安撫、遊戲、扭曲、交流、兒童自我狀態、父母自我狀態以及成人自我狀態等，盡皆成為六〇和七〇年代大眾文化的一環，雖然這些詞彙也毫不意外地衍生出伯恩從未指涉的意義和內涵。

　　不幸的是，溝通分析（Transactional Analysis；或譯交流分析）成功之後，進入了大眾心理學的圈子。流失在眾聲喧嘩之下的事實是：溝通分析是極其嚴謹的認知行為療法，同時提供有效的方法處理自我和他人的內在運作模式，以及其他心理動力學議題。

　　等到風潮平息下來，溝通分析來到遲暮之年，新的概念和治療方法出現，許多舊有觀念重新修正，伯恩業已辭世，至少在美國，關於退行病人的再撫育（reparenting）爭論離開了溝通分析領域，而相關從業人員也減少了。然而，其根基依舊穩固。

▌溝通分析的現況

　　時至今日，全球有超過一萬人自認為是溝通分析師。在許多國家，也有正式的區域溝通分析團體，還有一個國際組織，以及五個跨國組織，分別是：國際溝通分析協會（International Transactional Analysis Association, ITAA）、美國溝通分析協會（Americas Transactional Analysis Association, ATAA）、西太平洋溝

通分析協會（Western Pacific Association of Transactional Association, WPATA）、拉丁美洲溝通分析協會（Asociación Latinoamericana de Análisis Transaccional, ALAT），以及歐洲溝通分析協會（European Association of Transactional Analysis, EATA）。光是後者就有六千名會員。這些組織的成員包括一般人士和專業人士。心理治療、諮商、教育以及組織發展領域的資格能力測驗足以確保會員素質，並做為招募新會員的永續管道。在英國和澳洲等國家，溝通分析訓練甚至可做為理學碩士所規範的主修之一。

透過實際歸納以及具啟發性的圖表，伯恩表達他深具洞見的觀察及直覺，並以當時的科學詞彙表達他的想法。時至今日，我們仍可依現代科學詞彙來理解。舉例來說：

▎安撫

伯恩定義安撫（Stroke）為一個人對另一個人的認可，也是生理和心理健康的必要因素。如今，母愛缺乏（maternal deprivation；或譯母愛剝奪）、嬰兒依附（infant attachment）以及實際肢體碰觸對身心健全的影響等方面的研究，或許是心理健康領域中最完整的了。例如，研究成果顯示，儘管在我們學會以語言和非語言的形式表達情感之後，實際肢體觸摸的必要性會逐漸降低，但幼小的孩童的確是需要肢體觸摸才得以存活。

▍自我狀態

伯恩將自我狀態（Ego-state）描述為同時間發生的思考、感受和行為等一連串狀態。現今，我們可以將伯恩提出的自我狀態概念化為大腦內特定神經網絡的表現形式。感謝神經影像技術的進步，神經網絡已可影像化。

伯恩以兒童自我狀態稱早期發展的神經網絡。一旦觸發其中之一，我們的行為便一如過去那個孩子。另一種神經網絡則代表我們以自身經驗，將養育者內化，此即伯恩所謂的父母自我狀態。在父母自我狀態下，我們的思考、感受和行為，會像現實裡的其中一個父母，或者和父母具同等地位的人。而中立地處理當下的自我狀態，伯恩則稱之為成人自我狀態。在成人自我狀態中，我們客觀評估現狀，根據事實下判斷，同時確保「兒童」和「父母」的情緒或觀念不致戕害決定的過程。

必須注意的是，自我狀態不但真實且觀察得到的，也不同於精神分析中的本我、自我和超我。此外也必須注意，所有人都同時擁有三種自我狀態，並依時間及狀況，適時強化其中一種自我狀態。換言之，所謂「成人」是一種自我狀態，或者自我狀態的集合，不同於泛指的成年人。

一旦辨識出一種自我狀態，之後便更容易辨識了，由此概念，我們可以描述一個人或不同人之間，不同的自我狀態是如何溝通的。

所有的人際溝通都包含兩項元素：刺激和反應。個體的交流也多是一系列溝通的結果。藉由分析這一系列的溝通，我們得以研究成功或失敗的溝通，更細詳地檢視人們如何獲得安撫、消磨時間、和他人相處。正如我們稍後將討論的，心理遊戲便是分析與他人相處及互動相當明確的方式。

遊戲分析

在《人間遊戲》中，伯恩將心理遊戲描述為一系列規律且可預期的交流，乍看似乎合理，實則隱藏動機並導致明確的預期結果。遊戲是獲得安撫既慣常又失衡的方法，而參與遊戲的人並非全然清楚自己所涉入的兩種層次的交流。伯恩的原意絕非主張一個人有意識地操弄，或刻意混淆他人，正如人們常說的：「他在玩心理遊戲」或者愛德華・阿爾比（Edward Albee）在《誰害怕維吉尼亞・吳爾芙？》（*Who's Afraid of Virginia Woolf?*）＊中描述的婚姻戰爭遊戲。

伯恩相信，待未來的知識累積之後，遊戲分析會更為精進，即便如此，他仍提出遊戲分析理論的基本要素，包括：命題（thesis）、目標（aim）、角色（role）、交流（transaction）、典

＊ 譯注：阿爾比在一九六二年首次公演劇本《誰害怕維吉尼亞・吳爾芙》，故事描述一對中年夫妻如何面對婚姻的複雜性。故事主角喬治和瑪莎認識了一對年輕夫婦，四人在內心深處對伴侶不滿，因而產生可笑又悲傷的場面。

範（paradigm）、行動（move）、六種好處（advantage），以及結局（payoff）。他亦說明了遊戲分類的幾種系統。到了一九七二年，伯恩持續說明各種遊戲的基礎公式。倘使某系列的交流未符合該公式，就不是伯恩認定的遊戲。遊戲的基礎公式如下：

$$C \; + \; G \; = \; R \; \rightarrow \; X \; \rightarrow \; P$$

Con　Gimmick　Response　Switch　Payoff

餌＋鉤＝反應→轉換→結局

「餌」是發起者 A 釋出的第一個行動或邀請，而「鉤」是指 B 性格中的弱點，致使 B 必須回應餌。X 則象徵 A 的自我狀態轉變。P 是他或她得到的結局，一次出乎意料的感受。為了更進一步清楚說明，我們就以說謊的孩子強尼為例：

強尼的父母和幾個朋友正坐在餐桌喝咖啡，五歲的強尼拖著自己最愛的玩具卡車，在廚房內外盡情穿梭來回。突然間，客廳傳來一陣巨響。強尼的母親走進客廳後，發現咖啡桌上的玻璃花瓶被撞倒，只見滿地碎片。

「是誰打破的？」她問道。

「是狗狗。」強尼回答。

母親當下怒氣沖沖，她知道自己五分鐘前才讓小狗到外面玩。她趨身向前打了強尼，說：「我不喜歡小孩說謊！」

是誰打破花瓶，答案再清楚不過。因此，強尼母親問「是誰打破的」，即是成人自我狀態的詢問，而其心理層面則是誘導強尼說謊──強尼也真的說謊了。母親一陣怒氣，自我狀態從「成人」轉換成「父母」，結局便是突如其來的正義之怒。

我們會說，母親玩的遊戲是「我逮到你了，你這個混蛋」（Now I've Got You, You Son of a Bitch；NIGYSOB）。應該留意的是，母親並非刻意且有意識地「陷害」兒子，並且體罰他。反之，她正因所得到的答案而心煩意亂。至於強尼，他玩的遊戲則是「踢我」（Kick Me）。如果他回答「是我打破的」，便無所謂的遊戲了。

▎伯恩以降的遊戲分析

一九七〇年代晚期，鮑伯・高登（Bob Goulding）和瑪莉・高登（Mary Goulding）提出最清楚明確的遊戲分析方法之一。他們認為，遊戲必須包含以下具先後順序的人際溝通：

1. A提出一個表面訊息，這個訊息同時包含一個隱藏訊息。
2. B回應隱藏訊息。
3. A切換自我狀態，產生出乎意料的惡劣感受。

應用在強尼和母親的事件上，我們進行以下的分析：

母親（A）：表面的人際溝通——「是誰打破的？」就一般
社會層次來看，這不過是個想找到事實的提問。在心理層
次上，卻是誘使強尼說謊的問題。

強尼（B）：「是狗狗。」強尼回應了隱藏問題。

母親（A）：母親當下怒氣沖沖，意謂著她切換自我狀態，
產生出乎意外的惡劣感受。

高登兩人強調，遊戲的命名便是善用發起者的感受，或他
（她）在遊戲最終所做出的結論。因為母親開啟了這一連串的
溝通事件，並在發現惡意破壞者之後，最終產生正義的怒火，
我們由此命名此遊戲為「我逮到你了，你這個混蛋」。強尼的
遊戲則是「踢我」，因為遊戲的最後，他覺得自己被懲罰了。

▎戲劇三角形分析途徑

一九六〇年代晚期，史蒂芬・卡普曼（Stephen Karpman）延
伸伯恩的遊戲角色理論，他強調，在所有劇本中，都需要一個
受害者（victim）。再者，為了成為受害者，他或她需要拯救者
（rescuer）或迫害者（persecutor）。為使劇情發展下去，玩家必須
根據彼此的狀況轉換角色，甚至引入第三方，形成互動的戲劇
三角形。

在遊戲中，所有玩家交替扮演三種角色。扮演其中一個角

色時，玩家可能會驚覺自己其實是另一個角色。在上述的例子中，母親一開始可能是協助者，期間切換成受害者，最後成為強尼的迫害者。強尼則從迫害者變成受害者。

一九七〇年代中期，席芙（Jacqui Schiff）及其追隨者發現，遊戲玩家並不會發揮所有的自我狀態。例如，在「我逮到你了，你這個混蛋」中，其中一個玩家強化了父母和成人自我狀態，另一個玩家則強化兒童自我狀態。兩個玩家一起強化出這三種自我狀態，彷彿他們創造出一個完整的人。

在強尼和母親的例子中，母親的成人和父母自我狀態起了作用，強尼則是「兒童」。如果同樣的遊戲一再上演，其所帶來的危險是，在他成長的過程中，他無法感受到發自內心的恥辱或罪惡，反而是過度擔憂外在的羞辱，由此導致他取悅、反抗或欺騙擁有權威之士。換言之，強尼將無法充分扮演自己的成人或父母自我狀態。

遊戲發起者的起點是質疑，質疑共分四種不同的變化：（1）質疑是否出問題了；（2）質疑問題的重要性；（3）質疑某人可以解決問題，（4）質疑有任何人可以解決問題。

強尼的母親所質疑的是，小狗在外面，而極為好動的強尼正站在碎花瓶旁。她也質疑自己並未善盡職責，做好保護兒童的居家環境。更適當的回應應該是：「站旁邊一點」或者「去拿掃把過來」。

▌ 腳本脈絡中的遊戲

一九七九年，艾爾斯金（R. G. Erskine）和柴克曼（M. J. Zalcman）延伸伯恩所認為的，遊戲的結局強化一個人的基本存在位置，也就是他或她對待自己和他人的基本立場，也是他們的腳本決策。換言之，重複進行的遊戲和結局建構了腳本內容。然而，在這部早期的出版品中，伯恩便已強調，「債務人」遊戲能夠輕易轉變成一個人的人生計畫。

強尼的母親最後可能再度覺得人（或男人）不可取，總是對她說謊，因此更是堅信自己原本對自身、對他人以及她所認定的世界所秉持的看法。顯然，上述假設必須謹慎檢視，否則只是淪為恣意的猜想。也有可能，她刻意營造這些場景，創造負面情緒，藉此發展她的腳本。例如，也許她正蒐集各種負面感受，以合理化自己討厭強尼的罪惡感，擺脫這個孩子，或因而可不帶任何罪惡感的離婚。在這個案例中，我們稱其感受為一種情緒「扭曲」。她利用自己的不滿，就像累積點券（stamp）一樣，事後即可兌換「獎品」。

我相信，如近來嬰兒和幼童以及母親的影片所披露的，人類在出生的第一年便開始進行某些遊戲。據推測，早在孩童學會使用文字之前，內隱記憶已暗藏在各種規律化的行為裡。正如伯恩所強調，我們積極教導孩童進行特定遊戲。事實上，五歲的強尼和母親這兩人之間發生的事，可能只是一系列相似交

17

流的最新發展，而強尼在整個過程中，學會如何進行「踢我」。

一九七七年，范妮塔‧英格利許（Fanita English）指出，如果無法找到一個人用人們童年早期熟悉的方式進行安撫，人們便會開始進行遊戲以表達被禁止的感覺（即扭曲的交流〔racketeering〕）。為了回應，人們轉換自我狀態。范妮塔總結指出，只有三種主要的遊戲模式：「我逮到你了，你這個混蛋」，玩家從無助或反抗的「兒童」，轉換成「父母」；「踢我」，玩家從跋扈或提供協助的「父母」，轉換成「兒童」；以及「爭吵」（Uproar），兩個遊戲玩家同時切換自我狀態並離開。范妮塔也描述，遊戲中的人有時是如何同時確認兩種存在立場。舉例來說，在「我逮到你了，你這個混蛋」中，強尼的母親或許強化了她自身「我很好，但你不好」的立場，之後在壓力下，轉換至「踢我」，以強化她的「我不好，但你很好」的存在立場。現今，我們認為，這個案例屬於單一個人強化兩種不同的基礎組織原則：其中一個在外顯記憶中（我很好，但你不好），第二個則是內隱記憶（我不好，但你很好）。而兩者之間的關係，在《人間遊戲》出版後，伯恩經常提及所謂心理學「運動上衣」所述：前面印上諸如「請愛我」之類的話──一轉身，背後卻可能寫著：「不是說你，笨蛋。」

克勞德‧史坦納（Claude Steiner）強調，遊戲是成年人為了心理上的生存而需要的安撫方式，只可惜，由於社會壓抑和內在規範，因而妨礙人們自由交換表現兩者，以致成年人愈來愈

少進行心理遊戲。

大團體環境中的心理遊戲

近年來，夏洛特‧席爾斯（Charlotte Sills）指出，如果人們在團體中重複進行同一個遊戲，他們可能正在表達一種基本的人性困境，而團體並未處理該困境。也就是說，與個人問題截然不同的是，一旦在團體中的某個人進行「我逮到你了，你這個混蛋」或「吹毛求疵」（Blemish）遊戲，他可能想要表達該團體並未意識到自身正在迴避處理普遍的人際信任問題。

溝通分析理論的現在和未來

如今，溝通分析（包括遊戲分析）已經廣泛應用至各個領域——個人、婚姻和團體心理治療、諮商、教育以及組織發展。其基本概念似乎也得到現今神經科學發展的支持。相關證據最能有效支持「安撫」和「自我狀態」等觀念，但上述觀念只是溝通分析途徑的基礎。臨床研究結果和個案滿意度再再證明溝通分析理論所能達到的效用。然而，心理健康領域的兩大潮流直接影響了溝通分析理論在二十一世紀的重要性，亦即正向心理學（positive psychology）和心智化（mentalization）。

近年來，人們開始重新關注感激、希望、樂觀、心流、

正念和親密等現象在順遂的生活和逐步邁向老年的過程中的角色。這些觀念在一九六〇年代的人本主義心理學（humanistic psychology）運動中占一席之地，可惜其支持者無意深入研究。時至今日，相關研究逐漸完備，也從回顧和前瞻的角度，積極檢視修女、大學生和其他人士的生活樣貌。

現代人將當初的心理學浪潮稱為正向心理學，而正向心理學一直是溝通分析中的重要元素，不只因為伯恩重視藉由實踐合理的方法獲得安撫，也因為伯恩在覺察、自發性和親密等觀念中，強調「得宜」（okayness）和自主性，當然也因為他著重協助他人跳脫遊戲和毀滅性腳本。

人們概念化的理解自身及他人是如何透過內在狀態、思緒和感覺而有所觸動，這方面的重要性目前正受到心理健康工作者的正面看待。而這方面的理解可見於諸多名稱，包括心理意識、心智化以及情緒智商，並構成同理心和社交敏感度的基礎，也是心理復原力的重要層面，而心理復原力正是面對壓力的能力。

伯恩以簡單好記、甚至口語的文字來描述人與人之間外顯的互動，人們因此得以了解自身行為，更重要的是，知道自己可以改變。他提供一組心理意識的架構。這就是海因茲認為伯恩推動精神醫學界巨輪的原因，亦即溝通分析法過去如此熱門，至今依然受到歡迎的原因。

許多在《人間遊戲》一書中首次出現的觀念，如今已被廣

泛接受，以致我們忘了其由來。另一方面，溝通分析亦整合了其他研究方法的觀念和技術，實踐者得以持續調整並擴展伯恩的原始觀念，並藉此付諸實現伯恩那充滿機智的一句話：「我不進行團體治療，我志在治癒人們。」

這是一本值得再三閱讀的書。每每重讀，伯恩直覺的預感中那歷久彌新的明智及運用方式，還有他那敏銳的臨床觀察，以及我們一直以來虧欠他的諸多感激之情，再再令我敬佩不已。

在此，敬邀身為讀者的你，一同閱讀這部具開創性的作品。

詹姆斯‧艾倫

醫學博士、加拿大皇家內科醫學會會員（F.R.C.P.〔C.〕），國際溝通分析協會前主席。目前於奧克拉荷馬大學健康科學中心（University of Oklahoma Health Sciences Center）擔任精神醫學和行為科學教授，以及蘭伯特家族（Rainbolt family）兒童心理治療計畫主席。

欲了解人際溝通分析現況，請參考國際溝通分析協會的網站：https://www.itaaworld.org/

獻給我的個案和學生，
他們讓我學習到的，愈來愈多，
而如今依然持續教導我
關於人間遊戲和生命的意義。

前言

Preface

　　本書最一開始的規畫，是做為《心理治療的人際溝通分析》（*Transactional Analysis in Psychotherapy*）[1]一書的續作，但也規畫可供讀者單獨閱讀並理解。書中第一部分扼要說明分析並清楚理解心理遊戲的必要理論。第二部分涵蓋各個遊戲的介紹。第三部分則是全新的臨床和理論資料，若加上原有理論，讀者可在某種程度上理解何謂「不受遊戲影響」。在此，推薦有意進一步了解背景知識的讀者閱讀前作。閱讀過這兩本著作的讀者會注意到，除了理論的進步之外，本書基於後續的思考、閱讀以及全新的臨床經驗，在術語和觀點上都進行了些許修正。

　　由於學生和講座聽眾有興趣並希望取得人間遊戲的清單，或者希望我多加闡述在討論人際溝通分析的原則時所簡略提及的例子，進而催生了這本書。我要感謝這些學生和聽眾，特別是許多個案，他們揭露、發現並且命名各種新遊戲；特別是芭芭拉・羅森菲德（Barbara Rosenfeld），她提出許多關於聆聽的藝術和意義的想法。我也要感謝馬爾文・波伊斯（Melvin Boyce）、約瑟夫・康坎諾（Joseph Concannon）、富蘭克林・恩斯特（Franklin

Ernst）醫生、肯尼斯·艾佛斯（Kenneth Everts）醫生、高登·格瑞特（Gordon Gritter）醫生、法蘭西絲·馬特森（Frances Matson）以及雷·波因德克斯特（Ray Poindexter）醫生等人，他們各自發現或確認其中諸多遊戲的重要性。

而基於兩個原因，我要特別感謝曾任舊金山社會心理治療專題中心的研究主任，目前任職於密西根大學心理學系的史坦納。他是首位以實驗方式驗證本書眾多假設性觀點的研究者，而針對實驗結果，他也相當程度地協助闡明自主性和親密性的本質。我還要感謝專題研究計畫的財務主管薇爾拉·利特（Viola Litt）和我的私人祕書瑪莉·威廉斯（Mary N. Williams）兩人的持續協助，以及安·賈瑞特（Anne Garrett）協助內文初稿校對。

▋ 語意說明

為求簡潔，遊戲主要是以男性視角進行描述，除非明顯為女性觀點。因此，主要的遊戲玩家通常指稱「他」，在此並無任何偏見；除非有意強調，否則在同樣的情境下，只要在細節上進行適度地調整，書中的他都能替換成「她」。倘若女性角色的意義明顯有別於男性，則會個別探討。同樣地，心理治療師以「他」稱之時，亦未帶有任何偏見。書中的詞彙和觀點主要是針對臨床心理治療工作者，但其他專業領域的讀者亦能發現本書有趣或實用之處。

　　人際溝通遊戲分析應該明顯有別於正持續發展的相關知識，即數學領域的遊戲分析（mathematical game analysis，又稱賽局理論分析），儘管書中所提及的少數詞彙，如結局（payoff），在相當程度上已屬於數學領域。關於數學遊戲的理論，請參考盧斯（R.D. Luce）和雷夫（H. Raiffa）所著《遊戲和決策》（*Games & Decisions*）[2]。

艾瑞克・伯恩

一九六二年五月，加州卡梅爾（Carmel）

參考資料

1　Berne, E. *Transnational Analysis in Psychotherapy*. Grove Press, Inc., New York, 1961.

2　Luce, R. D., and Raiffa, H. *Games & Decisions*. John Willey & Sons, Inc., New York, 1957.

導論

Introduction

▎1、社會人際互動

社會人際互動理論在《心理治療的人際溝通分析》[1] 一書的部分段落已稍作概述,重點摘要如下。

史必茲(Spitz)發現[2],長時間缺乏觸摸關愛的嬰兒經過一段時間之後,會導致無法復原的傷害,最後也容易引發併發症。實際上,這意謂著史必茲所稱的情緒剝奪也會引起致命的傷害結果。上述的觀察形成刺激的渴望(stimulus-hunger)的觀念,暗示最為人偏愛的刺激形式其實就是肢體親密接觸,而根據我們的日常生活經驗,這個結論其實不難接受。

另一種類似的現象則見於飽受感覺剝奪的成年人。在實驗中,這類剝奪可能會引發短暫的精神疾病,或者至少誘發暫時性的精神不安。過去,社會剝奪和感官剝奪對於被判處長時間單獨監禁的個體也有類似的影響。事實上,單獨監禁是比囚犯已感到麻木的肉體被施虐更要令人恐懼的懲罰之一[3]、[4],現今亦被視為一種惡名昭彰誘導政治屈服的手段(反之,對抗政

治屈服最有利的武器則是社會組織[5]）。

　　從生物學的角度而言，情緒剝奪和感官剝奪很可能造成或促使生理變化。倘若腦幹的網狀活化系統（reticular activating system, RAS）[6]沒有得到足夠的刺激，或許會引起神經細胞的變質退化，至少會以間接的方式發生。這可能是營養不良造成的後續反應，但營養不良本身也可能是冷漠造成的結果，患有消瘦症的嬰幼兒便是一例。我們可以據此推論一種可能存在的生物連鎖反應：冷漠引起情緒和感官剝奪，繼而導致退化和死亡。是以，刺激的渴望和人類有機體的生存關係，就如同食物飢渴和人類有機體的關係一樣。

　　不只是生物學，從心理和社會的角度來看，刺激的渴望在許多層面上都和食物飢渴非常相似。諸如營養失調、飽足感、美食家、貪吃者、健康飲食主義者、禁欲主義者、烹飪藝術、好廚師等詞彙，皆可輕易地從營養領域轉換至感官領域。過度刺激如同過度進食。在這兩個領域，處於正常條件下，供給充足，菜單多樣化，那麼個人的選擇便深受其特質影響。某些個人特質，或者許多個人特質，確實可能受到先天因素決定，但這個觀點並非本書探討的關鍵問題。

　　精神科醫生關懷的重點在於，嬰兒在正常的成長過程中若和母親分離，會發生什麼事。截至目前為止，其看法可以如下的「俗語」[7]概括：「如果你得不到安撫，脊椎神經便會萎縮。」因此，在與母親緊密親近的時期結束之後，個人的餘生便面臨

左右為難的窘境，以致他的生存與命運亦不斷地面臨抉擇。一種是社會、心理和生物的力量阻礙嬰兒期持續的肢體親密關係；另一種則是為了實現目標努力不懈。在大多數的情況下，他都會妥協。他學會以更細緻，甚至象徵性的接觸形式表達，直到獲得一絲認可，示意已符合某程度的親密需求，儘管他最初對肢體接觸的渴望並未因此減少。

其妥協的過程可以諸多名詞來描述，例如昇華。然而，無論以何者稱之，結果都是嬰兒時期的刺激渴望部分轉化為另一種形式，也可以稱作「認可的渴望」（recognition-hunger）。隨著妥協的複雜程度增加，每個人在追求認可的過程中也愈來愈個人化，而正是這些差異造成人際互動的多樣性，並且決定個人的命運。電影演員每週可能需要來自匿名者及仰慕者許許多多的安撫，以維持他的脊椎神經不致萎縮；而科學家一年只消得到一位受人尊重的大師安撫，就能保持身心健康。

「安撫」可以當作「親密肢體接觸」的一般用語；在實務上，安撫有許多種形式。有些人一如字面上所言，他們安撫嬰兒，另一些人則是擁抱或輕拍，還有一些人則是笑鬧著輕捏嬰兒，或者用指尖輕彈。上述行為都可在一般對話中找到相類似的表達，因此，我們似乎可以藉由聆聽某個人說話，預知他如何對待嬰兒。「安撫」的語意可以延伸，意指任何認可他人存在的暗示行為。因此，安撫可做為社會行動（social action）的基礎單位。人與人之間交換安撫構成人際溝通*，也就是社會人

際互動的基礎單位。

就遊戲理論所受到的關注來看，此處同樣顯露出另一個重要原則，亦即無論社會人際互動的內容如何，對生命體所帶來的好處，都勝過毫無社會人際互動。在列文（S. Levine）[8]對老鼠所進行的重要實驗裡，便證實了上述現象，在悉心照顧下，不但有助生理、精神和情緒發展，甚至連老鼠腦內的生物化學以及對白血病的抵抗力都有所提升。這些實驗的重點則是溫柔地安撫照顧以及痛苦的電擊刺激，對於改善動物的健康狀況具同樣的效果。

如上所述的科學實證鼓舞我們，讓我們對下一單元的討論更有信心。

▍2、建構時間

假定安撫嬰兒及其對成年人具同樣象徵意義的「認可」都有生存價值，那麼關鍵的問題是：所以呢？在日常生活的詞語中，人們相互寒暄，無論是如大學生那簡短的「哈囉！」或者東正教那長達數小時的儀式，在這之後，要做什麼？在刺激的渴望和認可的渴望之後，緊接著是結構的渴望。青少年的永恆

＊譯注：人際溝通（transaction）原意為「交流」，譯者翻譯為「人際溝通」，但讀者也可以將「人際溝通」理解為「人與人之間，以肢體動作或語言，進行的交流」。

問題是:「然後,你怎麼跟她(他)說?」除了青少年,對大多數人而言,最不自在的情形莫過於暫時性的社交空白、一陣短暫的沉默、一時的失序,在場無一人想到任何有趣的對話,只有:「你不覺得今天晚上,這些牆看起來很直嗎?」人類的永恆問題正是如何建構清醒的時刻。從生命存在的意義而言,所有社交動物的功能便是協助彼此完成這個目標。

　　建構人際互動時間的操作面可稱之為「程式」(program),包含三種面向:素材、社會和個人。最普遍、便利、舒適且有效的時間建構方法,就是進行一項計畫,用以處理外部現實環境的素材,亦即我們所熟知的日常工作。技術上而言,這類計畫稱為「活動」,日常工作一詞反而不太適合,因為社會精神醫學必須承認,社交也是日常工作一種形式。

　　素材程式(material programing)來自面對外在現實環境時,所遭遇到的無常;然而,素材程式在此引起關注在於,社交活動為安撫、認可以及其他更複雜的社會人際互動形式提供環境(matrix)。素材程式根本上來說並非社交問題;從本質上而言,其基礎是處理資料。正如建造一艘船,必須仰賴一連串的測量和各種可能的評估。而為了順利創造環境結構,所有社會互動必須隸屬在這個範疇之下。

　　社會程式(social programing)導致傳統的儀式或半儀式互動。其主要準則是地區性的接受度、普遍性,稱之為「良好行為」。全世界的父母都會教導孩子學習良好行為,意謂著他們

很清楚什麼是適當的寒暄、用餐、示愛和哀悼禮節，也明白討論特定議題時，如何適時的表達批評與支持。批評和支持形塑一個人的圓融或交際手腕，有些觀念通行於世界各地，有些則只是地方習俗。在餐桌上打嗝，或者問候他人的妻子，有可能被欣然接受，卻也可能是當地傳統禁忌。而事實上，此兩種特定的人際溝通高度逆相關。一般而言，如果當地認可在用餐時打嗝，問候婦道人家之事是不智之舉；那麼在當地，人們彼此問候太太的事，用餐時打嗝便是不適當的。正式儀式的重要性通常高於半儀式性的聊天話題，半儀式的話題稱為「消遣」，藉此有所區分。

人與人之間愈來愈熟悉之後，個人程式（individual program）會逐漸顯現，以致「意外」相應而生。這些意外表面看似偶然，關係人也會如此形容，但仔細觀察過後則透露出意外事件依循明確的模式，並得以區分、歸類，且其結果受到隱而未宣的規則及標準所規範。只要依恃社會規範的善意和敵意依舊，這些標準便會成為潛規則，一旦發生違反規則的行為，這些標準便會嶄露頭角，引起象徵性的、言辭式的或正當性的吶喊：「犯規！」相較之下，消遣更重視個人而不是社會程式，而上述事件的結果便可稱為「心理遊戲」。舉凡家庭生活、婚姻生活以及各式各樣有條理的生活，也只是年復一年進行同一種心理遊戲的變化形。

雖說繁多的社會活動由各種心理遊戲所構成，卻不必然

代表這些心理遊戲都很「有趣」，或參與者並未嚴肅面對人際關係。一方面，「踢」（play）足球或其他「運動」或許一點樂趣也沒有，球員甚至必須具備高度韌性；這類遊戲和博奕以及其他類型的「遊戲」具備同樣潛在特質，可能相當危險，有時甚至致命。另一方面，有些作家，例如赫伊津哈（Huizinga）[9]，將這類如同食人宴般危險的主題納入遊戲中。由此，自殺、酗酒、濫用毒品、犯罪行為或思覺失調症等悲劇被視為「玩遊戲」（playing game），而非不負責任、濫開玩笑或不知節制的野蠻行為。心理遊戲的本質特色並非主張情緒是一種欺騙行為，反之是受到約束的。這項特色顯現於，當出現不合法的情緒表現時，此人會受到應有的制裁。遊戲可能異常危險，甚至有致命性的危險，但唯有規則被破壞時，才會有所謂嚴苛的社會制裁。

消遣和遊戲是現實生活中，真實親密關係的替代品。基於此，兩者會被視為人際關係的初步交涉階段，而不是真正的人際結合，因而被描繪為有害的遊戲形式。親密關係源自個人程式（通常是發自本能）變得愈來愈緊密，社會規範以及隱而不宣的限制和動機逐步退讓。親密關係是唯一可以完全滿足刺激的渴望、認可的渴望和結構的渴望的答案，其原型就是充滿愛意的受孕行為。

結構的渴望（Structure-hunger）和刺激的渴望都具有同樣的生存價值。刺激的渴望和認可的渴望表達出避免承受感官和情緒匱乏的需求，因為兩種匱乏再再導向生理機能的惡化。結構

的渴望則表達避免無聊的需求,正如齊克果(Kierkegaard)[10]
所指出,失序的時間引出邪惡。一旦持續一段時間,無聊便無
異於情緒匱乏,也會產生相同的結果。

　　獨處的個體可透過兩種方式建構時間:日常活動和幻想。
即便他人在場,個人依然能夠保持離群的狀態,每個在校教師
都很清楚。在兩人以上的社會群眾中,當一人成為其中成員
時,他有幾種建構時間的選項。按複雜程度排序,分別有以下
五種:(1)儀式(ritual)、(2)消遣(pastime)、(3)遊戲(game)、
(4)親密(intimacy),以及(5)活動(activity),藉此和他人形
塑環境。群眾中的每一名成員的目標,無非是從與其他成員的
人際互動中,盡可能獲得最大的滿足。他的選項愈多,就能得
到愈多滿足。而他社會運作的多數程式都是無意識的。在編排
的過程中,他獲得的特定滿足,例如自我毀滅的滿足,無法單
純以「滿足」這個字描述,以更廣泛的詞彙來形容會更為適切,
例如獲益或好處。

　　社會接觸的好處圍繞在肢體和精神的平衡,且和以下因素
相關:(1)舒緩緊張;(2)避免有害的環境;(3)獲得安撫,
以及(4)維持已經建立的平衡。生理學家、心理學家和精神
分析學家已經詳細研究、討論上述觀念。若轉譯為社會精神醫
學的詞彙,則分別是(1)主要的內在好處;(2)主要的外在
好處;(3)次要的好處,以及(4)生存的好處。前三項因素
和佛洛伊德的「因病獲益」(gains from illness)可以相提並論,分

別對應「內在的原始獲益」、「外部的原始獲益」，以及「次要獲益」。[11] 經驗顯示，相較於將社會人際互動視為防衛行為，從獲得好處的觀點研究社會人際互動，更有效也更能夠啟迪人心。首先，最好的防衛方式就是完全不參加任何人際互動。其次，防衛只能解釋前兩種好處，無法處理包括第三種和第四種在內的其他好處。

最令人心滿意足的社會接觸型態，無論是否存在於社會行動的環境中，都是遊戲和親密關係。長久的親密關係非常罕見，即便如此，親密關係根本上相當的私領域；重要社會人際互動最普遍的形式就是遊戲，也是我們討論的原則重點。如果讀者想要進一步理解時間建構，請參考筆者另一本討論團體心理動力關係的作品 [12]。

參考資料

1 Berne, E. *Transactional Analysis in Psychotherapy*. Grove Press, Inc., New York, 1961.

2 Spitz, R. "Hospitalism: Genesis of Psychiatric Conditions in Early Childhood." *Psychoanalytic Study of the Child*. 1: 53-74, 1945.

3 Belbenoit, René, *Dry Guillotine*. E.P Dutton & Company, New York, 1938.

4 Seaton, G. J. *Isle of the Damned*. Popular Library, New York, 1952.

5 Kinkead, E. *In Every War But One*. W. W. Norton & Company, New York, 1959.

6 French, J.D. "The Reticular Formation." *Scientific American*. 196: 54-60, May, 1957.

7 本文使用的「俗語」在舊金山社會心理治療專題研究時也逐漸產生變化。

8 Levine, S. "Stimulation in Infancy." *Scientific American*. 202: 80-86, May, 1960
———. "Infantile Experience and Resistance to Physiological Stress." *Science*. 126: 405, August 30, 1957.

9 Huizinga, J. *Homo Ludens*. Beacon Press, Boston, 1955.

10 Kierkegaard, S. *A Kierkegaard Anthology*, ed. R. Bretall. Princeton University Press, Princeton, 1947, pp. 22 ff.

11 Freud, S. "General Remarks on Hysterical Attacks." *Collected Papers*, Hogarth Press, London, 1933, II. p. 102.
———. "Analysis of Case of Hysteria." *Ibid*. III, p.54.

12 Berne E. *The Structure and Dynamics of Organizations and Groups*. J.B. Lippincott Company, Philadelphia and Montreal, 1963（請特別參考第十一章和第十二章）

PART
I
Analysis of Games
心理遊戲分析

1 結構分析

Structural Analysis

　　觀察自發性的社會活動，尤其在特定的心理治療團體中，揭露出一個事實，也就是人們不時在態度、觀點、聲音、使用的詞彙以及其他層面的行為中，表現出明顯的變化。這些行為的改變，通常伴隨感覺的轉換。在特定個體中，一種行為模式對應一種精神狀態，另一種行為模式則對應另外一種精神狀態，且通常和第一種精神狀態相互矛盾。這些改變和差異衍生了「自我狀態」的觀念。

　　就專業語言的角度來看，自我狀態在現象上會描述為一致性的感覺系統，表現在實際上則為一致的行為模式。以更實務的名詞來看，自我狀態為伴隨一組相關行為模式的感覺系列。每個個體表現自我狀態的行為似乎有限，且非一種角色，而是心理現實。這些表現行為分類如下：（1）近似父母角色的自我狀態；（2）自主導向客觀評估現實的自我狀態；（3）象徵固戀於兒童前期的舊事物，但依然活躍的自我狀態。專業上，上述三種自我狀態稱為外部精神狀態（extero-psychic ego state）、新精神狀態（neopsychic ego state）以及舊精神狀態（archaeo psychic ego state）。在口語上，則是父母自我狀態、成人自我狀態和兒童自我狀態，這三個簡單的詞彙便足以說明一切，卻又涉及最重要的討論內容。

本書的基礎立場相信，在任何時刻，處於社會群眾中的任何人，都會展現出父母、成人或兒童其中一種自我狀態，並且按照不同程度的意願，從一種自我狀態轉換至另一種。這些觀察引導出特定的心理診斷。「那是你的父母自我狀態」意指「你此刻的精神狀態如同過去的父親或母親（或具備父母地位的人），你所有的反應都和他一樣，包括相同的表現、姿態、詞彙和感受等」。「那是你的成人自我狀態」代表「你客觀自主評估現況，以不帶偏見的行為方式，表達自己的思考過程、察覺的問題或帶出的結論」。「那是你的兒童自我狀態」則意謂著「你的反應彰顯出的行為和目的，一如你還只是小男孩或小女孩時會有的反應」。這些觀察所具備的涵義如下：

1. 每個人都有父母（或代理父母），他的內心會有一組自我狀態，（以他認知的方式）重現父母的自我狀態，並在特定的環境條件下，啟動父母自我狀態（外部精神作用）。用一般口語來說就是：「每個人的心中都有自己的父母。」

2. 每個人（包括兒童、心智障礙以及思覺失調症患者）啟動相對應的自我狀態之後，有能力處理客觀的資料（新精神作用）。用一般口語來說就是：「每個人都是成人。」

3. 每個人都曾經比現在更年輕，他的內心帶著早年固著的

舊事物，在特定情況下被觸動（舊精神作用）。用一般口語來說就是：「每個人的內心都住著一個小男孩或小女孩。」

　　到此，很適合以圖表一（a），即結構圖表來呈現。從當前的觀點切入，這張圖表呈現一個人的完整性格，包括父母、成人和兒童自我狀態，三者完全區隔開來，因為三者截然不同，而且絕大多數時候，彼此矛盾。一個沒有經驗的觀察者一開始可能會認為自我狀態之間的差異並不顯著，然而願意不厭其煩地學習結構診斷的人很快便會對此印象深刻，而且覺得非常有趣。為了便於討論，接下來直接稱呼某些人為現實的父母、成

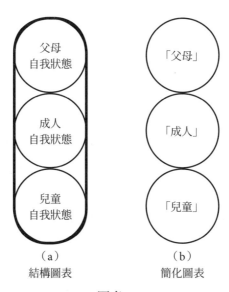

（a）
結構圖表

（b）
簡化圖表

圖表一

人或兒童，無須加上引號；而指涉自我狀態時，則加上引號，稱「父母」、「成人」或「兒童」。圖表一（ｂ）則是簡化後的結構圖表。

完成結構分析的主題之前，有必要先釐清幾個容易造成混淆的概念。

1. 結構分析從未使用幼稚（childish）一詞，因為幼稚帶有極其不當的言外之意，意謂著必須立刻停止或擺脫。而純真（childlike）用於描述「兒童」（過去的自我狀態），在於其意義更符合生理，且不帶偏見。事實上，從許多層面而言，「兒童」是人格中最珍貴的一環，對個人生命的貢獻，如同一個孩子對家庭生活的貢獻：迷人、歡樂和創造力。如果一個人的「兒童」困惑且不健康，可能會造成不幸的結果，但我們可以，也應該補救。

2. 同樣的概念適用於成熟和不成熟。在這個分析系統中，並沒有所謂的「不成熟的人」，只有不適當或無益的「兒童」進而影響一個人。然而，即使是這樣的人，也擁有完整且健全的「成人」，只是需要發掘和觸動。反過來說，所謂「成熟的人」則是可以在大多數時候掌控「成人」的人，但他們的「兒童」偶爾也會主導，一如其他人，而且經常產生令人措手不及的結果。

3. 應注意的是，「父母」展現在兩種形式上：直接和間接，亦即活動中的自我狀態以及影響力。當父母自我狀態直接展

現時，他會以父親（或母親）的回應方式來做回應（照我的話做）。如果「父母」屬於間接的影響，他則會按照父母期待他的方式回應（不要學習我的行為，遵守我的指示）。在前一個情況中，他變成其中一名父母；在後一個情況中，他任由自己遵守父母的要求。

4. 承上所述，「兒童」也以兩種形式展現：順從型兒童自我（adapted Child）和自然型兒童自我（natural Child）。順從型兒童自我根據「父母」的影響調整自己的行為。他依父親（或母親）的期待，決定自己的行為，舉例來說，順從或早熟。又或者他藉由退縮或抱怨調整自身。因此，「父母」的影響力是起因，順從型兒童自我則是結果。自然型兒童自我則是自發行為的表達：例如，反抗或發揮創造力。從酗酒造成的結果便證實了結構分析。首先，酗酒解除「父母」，順從型兒童自我也因此能夠擺脫其影響，從而轉變成自然型兒童自我。

想要達到有效的遊戲分析，只要關懷的重點是人格結構即可，幾乎沒有必要超出以上範疇。

自我狀態屬正常的生理現象。人腦是精神生活的器官和組織者，且其創造出的結果在妥善組織後，會以自我狀態的形式儲存起來。潘菲爾德*及其研究團隊對此已找到具體的證據。[1]、[2] 不同的層次會有其他整合系統，例如事實記憶，但經驗

---

* 編注：懷爾德‧潘菲爾德（Wilder Penfield, 1891-1976），美國裔加拿大籍神經外科醫生，對神經刺激科學有重要貢獻。

的自然形式就存在於心智狀態的轉移。對於人類有機個體而言，每一種自我狀態都具備重要的生存價值。

人類的直覺[3]、創造力、自發性的動力及樂趣，存在於「兒童」。

「成人」是生存所必須，負責處理資料，計算有效面對外部世界的各種可能性。「成人」同時經歷自身的挫敗和滿足。例如，穿越交通繁忙的馬路，需要處理一系列複雜的高速資料，行動暫停，直到計算結果顯示，穿越馬路並且安全抵達對面的機率很高，才會具體行動。這類計算成功後所獲得的滿足，便是諸如滑雪、飛行、航行和其他具快速移動特性的運動所帶來樂趣。「成人」的另一項任務，則是約束「父母」和「兒童」，並且客觀調節兩者。

「父母」有兩種功能。首先，「父母」讓一個人能夠實際擔負起一般兒童的父母親角色，由此提升人類的生存能力。其具體價值展現在一個事實中：相較於在健全家庭中長大的人，幼年時期便成為孤兒的人，養育自己的孩子時，似乎會面對較多難題。第二，「父母」導致我們多數回應都是當下無意識的，因此節省非常多的時間和精力。許多事情能夠完成，都是因為「本來就應該這麼處理」。「成人」讓人免於無數瑣碎決定的必要性，人們得以專心應對更重要的議題，日常事務就交給「父母」吧。

因此，三種人格特質都具備高度生存和生活價值，只有在

其中一種自我狀態擾亂健康的平衡時，才需要進行分析和重新組織。此外，「父母」、「成人」和「兒童」等自我狀態理當受到重視，在健全和豐富的人生中，各具同等的重要地位。

參考資料

1 Penfield, W. "Memory Mechanisms." *Archives of Neurology & Psychiatry*. 67: 178-198, 1952.

2 Penfield, W. & Jasper, H. *Epilepsy and Functional Anatomy of the Human Brain*. Little, Brown & Company, Boston, 1954. Chap. XI.

3 Berne, E. "The Psychodynamics of Intuition." *Psychiatric Quarterly*. 36: 294-300, 1962

2 溝通分析
Transactional Analysis

　　社會人際互動的基本組成是交流（transaction）。如果兩人或以上的人在社交場合相遇，其中一人遲早會開口說話，或以其他方式示意自己知道其他人在場。這就是所謂的**溝通刺激**（transactional stimulu）。另一人接著開口，或以某種行動回應刺激，此即**溝通反應**（transactions response）。簡易的溝通分析涉及兩方面的診斷，包括執行溝通刺激的自我狀態，以及執行溝通反應的自我狀態。而最簡單明瞭的交流則是參與者的刺激和反應都來自「成人」。舉例而言，一名行動者（agent）評估眼前的資訊，認為手術刀是當下必須選擇的工具，於是他伸出手。回應者正確理解行動者示意的動作，評估兩人之間的距離以及合適的力道，將刀柄準確地放在外科醫生的手中。另一個簡單明瞭的交流則是「兒童－父母」。發燒的孩子想要喝水，負責照護的母親便奉上一杯。

　　上述兩種交流皆為**互補交流**（complementary transaction）；換言之，回應不但適當且符合期待，並且遵守良好人際關係的自然秩序。第一種交流可歸類為「第一類互補交流」（Comple-

49

mentary Transaction Type I），以圖表二（a）呈現；第二種交流則
是「第二類互補交流」（Complementary Transaction Type II），以圖
表二（b）呈現。然而，交流顯然傾向於一連續性的過程，因
此每個回應都可視為刺激。只要是互補的交流，首要原則便是
溝通是順暢的，且其必然結果是，溝通基本上能持續進行下
去。而上述原則無關乎交流的本質和內容，完全取決於交流向
量的方向。因此，只要是互補交流，無論雙方溝通涉及的是批
判性的流言蜚語（「父母－父母」）、解決問題（「成人－成人」），
或者一起玩耍（「兒童－兒童」或「父母－兒童」），都不會影
響上述規則。

　　而與上述完全相左的原則是，一旦發生交錯的交流，對

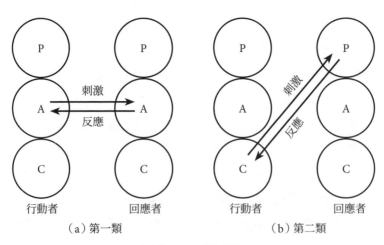

圖表二：互補交流

話便戛然而止。圖表三（a）為最常見的第一類交錯的交流
（Crossed Transaction Type I），不但經常發生，而且引發這世上多
數的社交難題，舉凡婚姻關係、愛情、友情和工作關係。這類
交流是心理治療師主要關懷的重心，也被精神分析學派歸類為
古典的移情反應。這種刺激通常是「成人－成人」：例如，「也
許，我們應該找出你最近酒喝得愈來愈多的原因」或「你知道
我的袖扣在哪嗎？」在上述的例子中，適當的「成人－成人」
反應理應是：「也許我們應該談談，我當然想知道原因！」或
「在桌上。」然而，萬一回應者突然大動肝火，他的回應就會
變成：「你只會一直批評我，就像我爸爸！」或「你什麼事都
要怪我。」這同時也是「兒童－父母」的反應，正如交流圖所
示，交流的向量交叉。在這些例子中，直到重新調整交流的向
量前，飲酒過量或袖扣等「成人」問題都會被懸置。這類情況
任何時刻都可能發生，從持續數月的飲酒過量問題，到不過歷
時幾秒的袖扣案例。為了配合回應者突然啟動的「兒童」，行
動者必須轉變為「父母」，或者，為了配合行動者的「成人」，
回應者必須啟動自身的「成人」。如果女傭在討論洗碗工作時
有所反抗，「成人－成人」之間針對洗碗的討論就會終止；緊
接而來的，就只會有形同「兒童－父母」的對話，或另一種不
同的「成人」主題討論，那就是，是否繼續聘用她。

　　圖表三（b）為第一類交錯的交流的反例，近似心理治療
師所說的反移情反應，當個案提出客觀且「成人」的觀察時，

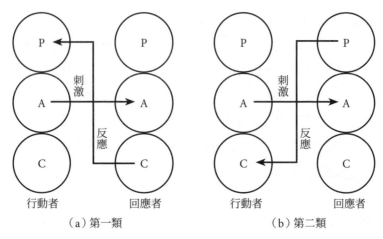

（a）第一類　　　　　　　　　（b）第二類

圖表三：交錯的交流

心理治療工作者以父母對兒童的說話方式，創造出交錯的交流向量。這就是第二類交錯的交流。在日常生活中，「你知道我的袖扣在哪嗎？」可能導引出：「你怎麼都不好好保管自己的東西？你已經不是小孩子了。」

　　在圖表四的關係圖中，顯示在交流中，行動者和回應者之間可能出現的九種社會行動向量，同時可見到一些有趣的幾何學（拓撲學）特質。在「心理狀態相同」的兩個溝通者之間，互補交流是（1-1）^{2}、（5-5）^{2}以及（9-9）^{2}，另外三組互補交流包括（2-4）和（4-2），（3-7）和（7-3）以及（6-8）和（8-6）。其他組合則形成交錯的交流，在絕大多數的情況下，在圖表中以交錯的方式呈現，例如（3-7）和（3-7），造成兩人無語，怒

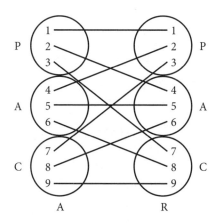

圖表四：關係圖

目相視。如果沒有任何一方讓步，溝通於是告終，兩人分道揚鑣。最常見的解套是其中一方讓步並接受（7-3）模式，最終導致「吵鬧」（Uproar）遊戲；或者較愉快的模式（5-5）[2]，兩人釋懷大笑或握手言和。

　　單純的互補交流常見於工作和社交場合的點頭之交，而且容易受到單純的交錯的交流所干擾。事實上，點頭之交的人際關係或可定義為僅屬於單純互補交流的範疇。這種關係可見於各式活動、儀式和消遣。而相對複雜的，則是曖昧的交流（ulterior transaction）——同時有兩種以上的自我狀態涉入的活動——此範疇也是遊戲的基礎。銷售員尤其擅長這當中的「角狀交流」（angular transaction），其中涉及三種自我狀態。以下對話

53

Games People Play. The Basic Handbook of Transactional Analysis

人間遊戲

可說是坦率又充滿戲劇效果的銷售遊戲：

> 銷售員：「這個比較好，可惜妳買不起。」
> 家庭主婦：「我決定要買這個。」

　　圖表五（a）即為上述交流的分析。「成人」銷售員提出兩個客觀的事實：「這個比較好」和「妳買不起」。從表面或社會層面而言，這些對話都是針對「成人」家庭主婦，回答理應是：「你說得沒錯。」然而，就其背後的或心理的層面來看，銷售員訓練有素且經驗豐富的「成人」將交流的向量導引至家庭主婦的「兒童」。「兒童」的回應顯示銷售員的判斷是正確的，那

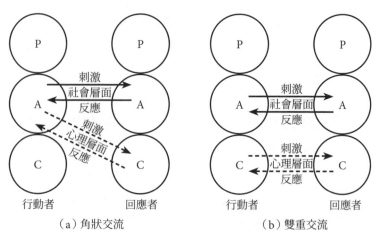

圖表五：曖昧的交流

項答覆實際上要表達的是：「無論會造成何等財務負擔，我非得讓這傲慢的傢伙知道，我和他的其他客戶一樣有錢。」就這兩種層面而言，兩人的交流都是互補的，因為她的回應就字面上看來，一如「成人」的購買行為。

雙重曖昧的交流（duplex ulterior transaction）涉及四個自我狀態，且常見於調情遊戲（flirtation game）。

牛仔：來看看我的穀倉。

訪客：打從我還是小女孩，就非常喜歡穀倉。

正如圖表五（b）所示，從社會層面而言，上述對話是「成人」在討論穀倉；從心理層面而論，其實是「兒童」關於性遊戲的對話。表面上，看似由「成人」主導溝通，但在多數遊戲中，是由「兒童」決定結果，而參與者可能會驚訝於自己竟參與其中。

因此，交流可以歸類為互補或交錯、單純或曖昧，而曖昧的交流又可再細分為角狀交流以及雙重交流。

3 | 程序和儀式
Procedures and Rituals

交流的進行大多有先後順序。這些順序並非隨機，而是有所編列。編列可能來自三種源頭的其中一種：「父母」、「成人」或「兒童」，用更口語的方式表達，就是來自社會、物質或個人特質。由於「兒童」適應環境必然需要透過「父母」或「成人」提供保護，直到所有的社會情境（social situation）都經過測試，因此「兒童」的交流編列多發生在隱私和親密的環境中，因為這些情境早已先行完成測試。

最單純的社會活動為程序（procedure）和儀式（ritual）。有些為國際通用，有些則有地域性，無論如何，人們都必須學習這些社會活動。**程序**是指一系列單純的互補「成人」交流，用以指揮現實的運作。此時，現實的定義涵蓋兩個層面：靜態和動態。**靜態現實**（static reality）由宇宙世界中所有可能的物質安排所構成。舉例而言，算數就是關於靜態現實的各種主張。**動態現實**（dynamic reality）或許可定義為宇宙中所有能量系統的互動可能性。舉例來說，化學包含關於動態現實的各種主張。程序奠基於資料處理和現實世界**物質**素材的可能性評估，

並且在專業技術領域中發展到最極致。駕駛飛機和割除病患的盲腸就是程序。只要是在「成人」心理治療工作者的掌控之內，心理治療就是一種程序，反之，倘若心理治療工作者的「父母」或「兒童」處於主導地位，心理治療就不是一種程序。編列程序取決於物質，並基於發起者的成人自我狀態評估。

有兩種變數用以評估程序。先不論行動者的知識是否匱乏，當他盡其所能善用現有資料以及經驗，我們會說程序是**有效率的**（efficient）。倘若「父母」或「兒童」干預「成人」資料處理的過程，程序就會遭到**污染**（contaminated），以致降低效率。行動的結果可以判斷程序的**成效**（effectiveness）。因此，效率是一種心理標準，而成效則是物質標準。舉例而言，一名來自熱帶島嶼的助理醫官，非常擅於白內障手術，他將自身的知識發揮到極致，可惜他的知識量少於歐洲醫療人員，以致他的醫療成效較低。歐洲醫療人員嚴重酗酒，造成醫療效率降低，但在最一開始，他的醫療成效尚未受到影響。然而經年累月後，歐洲人的雙手不時顫抖，醫療效率和醫療成效都被他的助理超越了。從這個例子中，我們可以看見評估專業程序的兩個變數——行動者的個人理解度決定效率，而檢核其實際成果則決定了成效。

從現有的觀點看來，**儀式**是一系列定型的單純互補交流，且這類交流由外部社會的各種力量編列而成。非正式的儀式，例如在社交場合中向人道別等，在細節上會有相當程度的地方

差異，儘管基本形式並沒有不同。至於正式的形式，例如羅馬天主教的彌撒，因地制宜的自由度相對較低。儀式的形式由如父母自我狀態般的傳統所決定，然而，近年愈見父母對瑣碎細節的影響力雖然相似，卻較不穩定。特定具歷史性或人類學重要性的某些正式儀式具備兩個階段：（1）在嚴格的「父母」結構中進行交流。（2）在「父母」的允許之下，「兒童」可以擁有或多或少的自由完成交流，最終導致毫無節制的行為。

　　許多正式儀式最一開始，就像受到嚴重污染但又有效率的程序，然而隨著時間和環境改變，儀式失去所有程序的正確性，卻依然保有其在信仰方面的作用。從交流的角度來看，這些儀式代表屈從於傳統父母自我狀態般的要求下，而表現出緩解罪惡感或尋求獎勵。儀式帶來平安的、令人寬慰的（作驅邪用的），以及通常是輕鬆建構時間的方式。

　　在本書的導論分析中，非正式儀式的重要性更高，其中美式寒暄的儀式最具啟發性：

1A：「嗨！」（哈囉，早安）

1B：「嗨！」（哈囉，早安）

2A：「今天的天氣很暖和吧？」（你好嗎？）

2B：「是啊，雖然看起來快下雨了。」（我很好，你呢？）

3A：「那麼，保重了。」（好的。）

3B：「期待再見。」

4A：「再見。」

4B：「再見。」

　　上述對話顯然不是為了傳遞資訊。事實上，真有任何資訊的話，也以非常睿智的方法隱藏起來了。A或許得花上十五分鐘才能表達自己的近況，而對B來說，他不過是點頭之交，根本沒興趣耗費這麼多時間傾聽。這一系列交流充分描繪出所謂「八次安撫儀式」（〔eight-stroke ritual〕安撫：認可的單位）。如果A、B兩人都在趕時間，或許都能接受「兩次安撫交流」，也就是「嗨－嗨」。倘若他們都是老派的東方權力階級，在他們坐下來談正事之前，可能得先進行兩百次安撫儀式。同時，以溝通分析的專業角度來看，A和B多少稍微改善了彼此的健康；至少，在溝通的當下，「他們的脊椎不會萎縮」，各自也會因此而感激對方。

　　這個儀式是以雙方審慎的直覺計算為基礎。就彼此相識的程度而言，他們認為兩人見面時，的確應該要做到四次安撫，而且一天見面的次數不會超過一次。萬一他們短時間之內又遇到，例如半小時之後，加上沒有任何新話題可交談，他們就只會擦身而過，不會有任何互動，或只是稍微點頭致意，至多也只是極其敷衍的「嗨－嗨」。這類計算不會只維持一段時間，而是長達數個月。現在，我們來思考一下C和D的例子，他們一天遇到一次，彼此交換一次安撫──「嗨－嗨」──而後各

自離開。C度假一個月回來之後的隔天，他一如往常地巧遇D。在這種情況下，D若只是說聲「嗨！」而未有其他表示，C便會感覺受到冒犯，換言之，「他的脊椎稍微萎縮了。」在C的計算中，D和他欠彼此三十次的安撫。只要著力點足夠，這三十次安撫大可濃縮在幾句對話裡。而D這方較適當的回應如下（每一單位的「對話強烈度」或「關注度」等同於一次安撫）。

1D：「嗨！」（一單位）

2D：「好一陣子沒看到你了。」（兩單位）

3D：「噢！你去度假？到哪裡度假？（五單位）

4D：「哇，真有趣，所以那裡很不錯嗎？」（七單位）

5D：「你看起來的確很不錯。」（四單位）「家人也一起去嗎？」（四單位）

6D：「嗯，很高興你回來了。」（四單位）

7D：「再見。」（一單位）

在上述對話中，D總共付出二十八個單位。他和C都知道，明天，D會再補足不足的單位。就實質目的來說，他們的交流帳目已經結清了。後天，他們就會回到兩次安撫溝通「嗨─嗨」。但他們現在「更了解彼此」，也就是說，兩人都很清楚，可以信賴彼此，而這將有助於他們有一天在社交場合中的會面。

另一個完全相反的例子同樣值得深思：E和F已建立起兩

次安撫儀式「嗨－嗨」。一天，E不但未離去，反而停下腳步，問道：「你好嗎？」兩人的對話如下：

> 1E：「嗨！」
>
> 1F：「嗨！」
>
> 2E：「你好嗎？」
>
> 2F：（感到疑惑）「我很好，你呢？」
>
> 3E：「一切都好，今天很暖和吧？」
>
> 3F：「是啊（警覺），看起來快下雨了。」
>
> 4E：「很高興很到你。」
>
> 4F：「我也很高興。抱歉，我得在圖書館閉館前趕過去，再見。」
>
> 5E：「再見。」

F匆匆離去之際，心想：「他怎麼這麼突然？他想推銷保險或什麼嗎？」從溝通分析的角度來看便是：「他要做的，只是安撫我一次，為什麼安撫了五次？」

另一個更簡單的例子便如實呈現了這類單純儀式中，講求實際且有效率的人際溝通本質，當G說：「嗨！」而H未作回應，就這麼走過去。G的反應為：「他是怎麼一回事？」意思是：「我提供一次安撫，他卻沒有回我一次安撫。」如果H繼續如此，且以同樣的方式對待其他友人，無疑會在交友圈引起一些

閒言閒語。

在一些曖昧的案例中,有時難以區別程序和儀式。對一般人來說,傾向於稱之為具專業的程序儀式,而實際上,所有交流行為可能都奠基於完整,甚至重要的經驗,只是一般人的知識背景不足,以致無法察覺。反之,專業人士也會一味地堅持程序而過度合理化儀式的要素,並以他們未有足夠知識為由,進而駁斥抱持懷疑態度的一般人。而這些象牙塔裡的專業人士,否定完整、全新程序引薦的方法之一,便是視其為儀式而一笑置之。也因此,而有了伊格納茲·塞麥爾維斯*和其他創新者所承受的命運。

程序和儀式具備一種相似的特徵:兩者皆是固有觀念。只要第一個交流啟動,即可預測出隨後一系列的交流,並且遵循預先決定的路徑,完成預先決定的結果,除非有特殊狀況發生。兩者之間的差異在於預先決定的起源:程序由「成人」決定,而儀式則是如「父母」般的規範。

不熟悉儀式或無法自在面對儀式的人,有時候會藉由程序來逃避。在派對中,樂於協助女主人備料或擺盤的人便可為例。

---

* 譯注:伊格納茲·塞麥爾維斯(Ignaz Semmelweis, 1818-1865),匈牙利醫師,被尊稱為「母親的救星」。在維也納和布達佩斯工作期間,他證實了接生人員的手或器具受到污染而間接導致產婦敗血症,於是提倡使用漂白粉消毒。然而,他的論點冒犯了所有接生不洗手的同行,以致無法在醫學界立足,並被送至精神病院,最後因傷口感染而死。

4 消遣

Pastimes

　　消遣（閒談）發生在社交且複雜程度不一的非永久性環境裡，也因此，消遣在複雜程度上顯得相當多樣化。然而，如果我們以交流做為社會交往的基本單位，就可以細分出一適當的情境，並稱之為單純的消遣。消遣可定義為一系列的半儀式、單純、互補的交流，以單一範疇的素材組合而成，首要目的是建構時間區間。這個時間區間的開端和結束通常以程序或儀式為信號。交流經過適當的編排，好讓所有參與者都能在時間區間中，獲得最大的收益或好處。參與者愈適應消遣，他從中所獲得的好處愈多。

　　消遣大多可見於派對（「社交集會」）或正式小組會議開始前的等候時間；這類正式活動「開始」前的等候時間，具備和「派對」相同的結構和動能。消遣的形式可能以「閒聊」來描述，或者更嚴肅些，例如爭辯。一場大型的雞尾酒派對通常像是一座藝廊般，展示了各式各樣的消遣。在這處空間的某個角落，有幾個人正在進行「家長教師聯誼會」，另一處角落則是「心理治療」論壇，第三個小空間上演著「他曾經」或「他後來

怎麼了」劇碼，第四群人正忙於「通用汽車」，至於自助餐區，
則保留給想要參加「廚房」或「衣櫥」的女性。這類集會的進
行過程幾乎可說是完全相同，四處交換姓名，十幾個類似的一
行人在同一處空間同時進行活動。而在不同社會階層中的另外
十幾個人，則進行著截然不同的消遣。

消遣可以數種不同的方式分類。其外部性決定因素實屬社
會學的分類（例如性別、年齡、婚姻狀態、文化、種族或經濟
地位）。「通用汽車」（比較彼此用車）和「誰贏了」（運動比賽）
皆為「男人話題」。「雜貨」、「廚房」和「衣櫥」則是「女人話
題」──或者，在南洋常見的「結婚話題」。「親熱」屬於青少
年話題，反觀邁入中年後，話題則轉以「收支平衡」為主。其
他這類消遣無非都是各種不同差異程度的「閒聊」：諸如「如
何」（即將從事某個活動），輕易便能填補短暫航程的空白；（這
個賣）「多少錢」為中下階級酒館的熱門話題；「去過」（某個懷
舊之地）則是經驗老道之流如推銷員的中產階級遊戲；「你知
道嗎？」（如此這般）屬於寂寞的人；「他後來怎麼了」（關於老
朋友喬伊），經常出現在事業有成和一敗塗地的話題中；「隔天
清晨」（嚴重宿醉）和「馬丁尼」（我知道更好的方法）則是雄
心壯志年輕人的典型話題。

而結構性人際溝通的類別中，則呈現出相對個人的狀態。
由此，「家長教師聯誼會」可見三種不同層次。在「兒童－兒
童」的層次裡，呈現「你如何面對頑固的父母」；而在正統的

「家長教師聯誼會」中，「成人－成人」的層次則受到博學的年輕母親歡迎；在年邁的人當中，「家長教師聯誼會」容易發展出和「青少年犯罪」相關的教條式「家長－家長」形式。有些已婚人士進行「親愛的，你來告訴他們吧」，妻子進入「父母」，而丈夫則表現得像個早熟的孩子。「媽妳看！我可以放手騎車」同為「兒童－父母」消遣，適合所有年齡層，在缺乏自信的情況下，有時會變成「各位，糟糕了！」

若以心理學來分類消遣，則更具說服力。以「家長教師聯誼會」和「心理治療」為例，可能表現出投射的（projective）或內射的（introjective）形式。圖表六（a）用「父母－父母」為範例，呈現投射型「家長教師聯誼會」的分析：

A：「只要沒有破碎家庭，就不會有青少年犯罪的問題發生了。」

B：「原因不只如此。即使是健全的家庭，現今許多孩子的教養已大不如前了。」

內射型家長教師聯誼會則是按照以下的對話進行（「成人－成人」）：

C：「我似乎沒有辦法當一個好媽媽。」

D：「無論妳多麼努力，孩子永遠不可能按照妳希望的方式長大，所以妳才會不停猜測，自己是不是做得不對，還有自己犯下的錯誤。」

投射型心理治療採用「成人－成人」形式：

E：「我覺得，應該是潛意識的口腔不滿足，導致他的行為變得如此。」

F：「你好像太過度美化自己的不滿。」

圖表六（b）顯示出內射型心理治療，也是另一種「成人－成人」消遣。

G：「我覺得那幅畫象徵誹謗。」

H：「在我看來，繪畫只是想要取悅我的父親。」

除了建構時間，以及提供參與者能夠彼此接受的安撫之

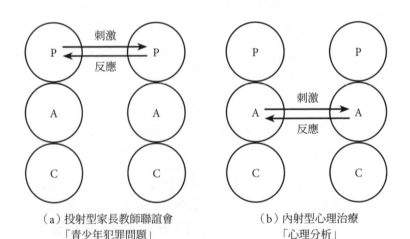

（a）投射型家長教師聯誼會　　　　　（b）內射型心理治療
　　　「青少年犯罪問題」　　　　　　　　「心理分析」

圖表六：消遣

外，消遣還提供社會選擇過程的附加功能。在消遣進行期間，每個參與者的「兒童」無不警戒地評估其他參與者的潛能。派對一結束，每個人都會選擇自己希望更常見到的特定參與者，同時捨棄其他人，無論對方在消遣的過程中，手段有多高明或令人愉悅。他選中的人，很有可能也是候選人，未來將參與更複雜的人際關係——也就是遊戲。這類遴選系統，無論多麼理性，實際上大多取決於潛意識和直覺。

在特殊情況的選擇過程中，「成人」會無視於「兒童」。最明顯的案例，莫過於保險業務員謹慎進行社交消遣的過程。當他進行消遣時，他的「成人」會傾聽各種可能的銷售前景，藉此選擇自己想更常見面的人。他們在遊戲裡的老練或世故其實和挑選的過程完全沒有關係，在多數情況下，選擇的過程通常基於外部因素——如上保險業務員的例子中，重點是參與者的財務穩定度。

然而，消遣還有一種非常獨特的排他性。舉例來說，「男人話題」和「女人話題」不可能同時進行。投入「曾經」（到那裡）消遣中的人，對於某個想玩（酪梨）「多少錢」或「今天早上」的外來者會感到不悅。進行投射型家長教師聯誼會的人會對突然闖入的內射型家長教師聯誼感到忿忿不平，反之，若是投射型打擾內射型，則不致引起如此強烈的反感。

消遣形塑與人結識的選擇基礎，甚至可能因此發展出友誼。同一群女性友人每天早上造訪彼此住所，享用咖啡的同

69

時，進行著「丈夫的惡劣行徑」的消遣，她們很可能冷漠對待一個想進行「快樂早餐」的新鄰居。萬一她們正七嘴八舌說著丈夫的惡行惡狀，新成員卻不住說著自己的先生有夠了不起（事實上，他堪稱完美），這情況簡直太令人難堪了，所以她們不會讓她待在團體中太久。因此，在雞尾酒派對上，如果某人想要移動他處，他要麼不是必須加入新地點正在進行的消遣中，要麼就是能夠成功轉移話題。當然，身為盡職的派對女主人要能隨時掌控情勢，並指定後續節目：「我們正在玩家長教師聯誼會，你覺得如何？」或者「好了，女孩們，妳們『衣櫥』玩得夠久了，這位 J 先生是作家、政治家、外科醫生，我確定他想和妳們一起玩『媽妳看！我可以放手騎車』，對吧，J先生？」

　　消遣的另一個重要好處則是確定角色和穩定立場。所謂的**角色**，近似於榮格（Jung）提出的人格面具（persona），只是比較沒那麼機會主義，而且更深植於個人幻想中。因此，在投射型家長教師聯誼會中，其中一人也許扮演強悍的「父母」角色，另人一則是正直的「父母」，第三人為溺愛的「父母」，而第四人是樂於助人的「父母」。這四人都體驗並展現父母自我狀態，但每一個人各有其表現方式。如果一切順利——意指未遭逢對立狀態，或因對立而強化角色，或得到特定類型的人的安撫——那麼各自的角色便就此確立。

　　確定個人角色可以穩定一個人的地位，此即稱之為從消遣

中獲得的**存在需求的好處**。立場為單純的斷言表述，影響個人
的所有交流；從長遠的角度來看，立場決定一個人的命運，通
常也影響子女的命運。立場或多或少有些絕對。投射型家長教
師聯誼會的典型立場包括：「所有的孩子都很壞！」「其他的孩
子都很壞！」「所有的孩子都很難過！」「所有的孩子都受到壓
迫！」這四種立場各自引發出強悍、正直、溺愛和樂於助人的
「父母」。事實上，立場是透過其所創造的心理態度來呈現，且
基於同樣的態度，個人進行交流，進而建立自己的角色。

令人驚訝的是，立場在我們人生早期階段便已經決定並確
立，從出生的第二年、甚或第一年至第七年之間都有可能——
無論如何，都早在一個人有能力，或者足夠的經驗能夠做出
如此嚴肅的承諾之前。從一個人的立場，不難推論他的童年。
除非某個事物或某個人介入，否則此人會用餘生穩固自己的立
場，處理各種威脅立場的狀況：迴避、阻擋其他特定的危險元
素或索性煽動操弄，藉此化危機為轉機。消遣如此墨守成規，
是因為符合既定目標。而人們從消遣中所獲得的好處，更是人
們如此趨之若鶩的原因，若與懷有積極和正面立場的人一起進
行的話，消遣更是一段令人愉悅的過程。

消遣和社會活動通常難以區分，且經常伴隨發生。許多常
見的消遣，例如「通用汽車」閒聊，同時包含心理學家所說的
「複選題－完成句子」的語言交流。

　　Ａ：「我比較喜歡福特／雪佛蘭／普利矛斯的車，而不是福特／雪佛蘭／普利茅斯的汽車，因為……」

　　Ｂ：「噢！好吧，我其實更喜歡福特／雪佛蘭／普利茅斯的車，而不是福特／雪佛蘭／普利茅斯的車，因為……」

　　顯然，在這典型的對話中，傳遞出些許有用的資訊。

　　或許，也該提一下其他幾個常見的消遣。「我也是」（Me Too）大多是「真糟糕」（Ain't It Awful）的變化形。「他們怎麼不」（Why Don't They）（做些什麼）則是家庭主婦的最愛，她們不喜歡自作主張。「好吧，我們就這麼做」（Then We'll）則是「兒童－兒童」的消遣。「找點事做」（Let's Find）則在青少年犯罪或惡意傷人的成年人之間上演。

5 心理遊戲

Games

▌1、定義

　　心理遊戲是一系列持續進行的互補曖昧交流，導向定義明確且可預期的結果。從描述性的觀點來看，遊戲是一組循環的交流，經常反覆發生，表面上看似合理，實際上有著隱藏的動機；或者，用更口語的方式來說，遊戲是一系列帶有陷阱或「鉤」的行動。心理遊戲所具備兩種重要特質，致使遊戲和程序、儀式和消遣截然不同：（1）曖昧特質以及（2）結局。程序或許會成功，儀式可以有效率，消遣則是有好處，但這三者顯然都相當直白；可能涉及競爭，但沒有衝突，其結局或許令人感動，卻不致太過戲劇化。反之，每一種心理遊戲基本上都是欺騙，而且結局有著戲劇化的特質，全然迴異於單純的刺激。

　　到目前為止，仍未區別心理遊戲以及另一種尚未論及的社會行動。操作（operation）是為了特定、明確的目標而進行的單一或一連串的交流。如果一個人不加掩飾地尋求寬慰，並且如願以償，此即操作。倘若一個人尋求寬慰，卻在如願以償之

後，以不利於提供寬慰者的方式回報，這就是一種心理遊戲。表面上看來，心理遊戲看似一連串的操作，但在結局出現後，「操作」顯然都變成操弄（maneuver），不再是正直的請求，而是心理遊戲中的行動罷了。

　　舉例而言，在「保險遊戲」中，無論代理人想透過對話表達什麼，一旦他全力以赴，他真正尋求或努力中的，其實是一次成功的機會。只要他夠稱職，他追求的就是短暫獲利。同樣的道理也適用「房地產遊戲」、「睡衣遊戲」（pajama game）以及類似的日常事務。因此，在社交聚會中，當一名銷售員加入消遣，特別是和「資產負債表」的各種變化類型有關的消遣中，他看似融入其中的參與感也許暗藏一系列老練的操弄行為，意在誘導出他有興趣的業務資訊。市面上有數十本商業雜誌，內容多致力於提升讀者的商業謀略，講述傑出的玩家和心理遊戲（也就是創造驚人銷售成績、眾所矚目的操作者）。從人際溝通的角度來說，這些商業雜誌只不過是《運動畫刊》（Sport Illustrated）、《西洋棋世界》（Chest World）和其他運動雜誌的變化形。

　　就人們所關注的角狀交流而言——亦即在「成人」想獲得最大利益的情況下，有意識地以專業準確度所規畫的心理遊戲——二十世紀初期繁花盛開的詐欺遊戲（con games），由於具備詳盡的實務計畫細節以及心理學上的周延，以致難以望其項背。[1]

　　然而，我們在此所關注的，則是無意識之下所進行的

遊戲，單純的人在毫不知情的情況下參與雙重交流（duplex transaction），進而形塑出各地社交生活最重要的面向。由於心理遊戲的動態特質，輕易便能區別單純的靜態態度——為了有立場，而形成的個人態度。

我希望「心理遊戲」這個詞不要引起誤解。一如在〈導論〉中所說明，心理遊戲沒必要有趣或令人樂在其中。許多銷售員並不認為自己的工作很有趣，正如亞瑟・米勒（Arthur Miller）在他的劇作《推銷員之死》（*The Death of a Salesman*）中清楚表明的。而心理遊戲也不乏其嚴肅性。時至今日，人們慎重看待美式足球，卻沒有以同樣的態度看待「酗酒者」（Alcoholic）或「第三度挑逗」（Third-Degree Rapo）這般的心理遊戲。

同樣的道理也適用於「玩」這個字，如長期投入「玩」牌或股票的人身上所驗證的。人類學家非常清楚遊戲和玩的嚴肅性，以及可能造成的嚴重後果。人類最錯綜複雜的遊戲更是極為嚴肅，那就是「奉承」（Courtier），司湯達（Stendhal）在小說《帕爾馬的修道院》（*The Charterhouse of Parma*）中曾詳盡描述。而其中，最殘酷、無情的遊戲，莫過於「戰爭」（War）了。

▍2、典型的心理遊戲

配偶之間最常出現的心理遊戲，用口語來說，叫做「要不是為了你」（If It Weren't For You），且足以說明心理遊戲的特色。

　　懷特太太抱怨先生嚴格限制她的社交生活，以致她從來沒有機會學跳舞。由於心理治療改變了懷特太太的態度，懷特先生不禁懷疑起自己，同時變得更寵溺妻子。於是，懷特太太不再受到約束，擴展自己的社交圈。她報名舞蹈課，卻絕望地發現自己對舞蹈教室的地板有種病態的恐懼，只好放棄學舞計畫。

　　這段不幸的旅程，加上其他類似事件，赤裸地揭露她婚姻結構中的某些重要面向。在眾多追求者中，她最終挑了一個最專橫的為丈夫。於是，她所能夠做的，便是抱怨這一切盡是「要不是為了你」。她的許多女性友人也都有專橫的另一半，她們在早上見面喝咖啡，耗費非常多的時間玩「要不是為了他」。

　　然而，結果卻和她的抱怨完全相左，她的先生其實是出於善盡職責而禁止她投入自己深感恐懼的事情中，實際上，他甚至讓懷特太太完全沒意識到自身的恐懼。正因如此，懷特太太的「兒童」才會機靈地選擇這麼一個丈夫。

　　值得探討的不只這些。他的禁令和她的抱怨經常引發爭執，導致兩人的性生活極為受挫。由於他懷有罪惡感，時常買禮物送懷特太太，否則，不太會有這種好事發生。當然了，一旦他稍微放任懷特太太，禮物的奢華程度和頻次便相形遜色。這兩人之間，除了家務和孩子之外，幾乎沒有共同點，也因此兩人的爭執更是被凸顯出來。通常在這種時候，他們連日常對話都顯得多餘。無論如何，她的婚姻生活證明了她內心長久以來的想法：所有的男人都是可惡的暴君。事實證明，她的態度

和早年擔憂自己遭到性虐待的幻想有關。

　　普遍來說，我們可以各種方式描述這個遊戲。顯然的，這個遊戲屬於社會動力（social dynamic）的廣泛範疇。根本的事實是，懷特夫婦藉由結婚而有了與彼此溝通的機會，而這個機會稱為社會接觸（social contact）。他們事實上是利用機會，將家庭生活打造為一社會群聚。姑且以紐約地下鐵列車為對照，列車上的乘客在一處空間彼此接觸，卻幾乎不會利用機會，反而形成去社會（dis-social）群聚。懷特夫婦施加在彼此行為和反應上的作用，則構成社會行動（social action）。不同的學科皆可透過不同觀點對這類社會行動進行研究。由於我們著重在兩人的個人生命歷程以及心理動力，當前所使用的，便是社會心理治療（social psychiatry）的其中一種方法，並且在探討研究中的遊戲其「健全」與否時，直接決定某些外顯或內隱的判斷。這種方法不同於社會學或社會心理學相對中性、不介入的態度。在精神病學的領域中，我們大可說：「暫停一下！」其他學科則否。溝通分析為社會精神病學的分支，而遊戲分析則是溝通分析的其中一種專業面向。

　　實務遊戲分析處理的，是特定環境下的特殊案例。反觀理論遊戲分析，則試圖抽離並且普遍化各種遊戲的特質，好讓這些特質自當下的言詞內容和文化環境中被辨識出來。舉例而言，在「要不是為了你」婚姻版的理論分析中，就應該提出遊戲的普遍特質，藉此可輕易辨識出是發生在新幾內亞叢林鄉村

或紐約曼哈頓頂樓的豪華公寓，無論關乎的是婚宴或買釣竿送孫子的金錢問題，也不必在乎夫妻雙方的行為是直率或幽微，只需考慮兩人彼此都可接受的坦率程度。遊戲在一特定社會裡的**盛行程度**是社會學和人類學關心的主題。做為社會心理治療的一環，遊戲分析只著重在遊戲發生時，如何進行描述，至於發生的頻率則不在討論的重點範圍裡。這樣的區分方式不難理解，或可類比公共衛生和內科醫學之間的區別；前者關注瘧疾是否擴散流行，後者則是研究瘧疾個案，無論個案是位於叢林或曼哈頓。

目前，如下所述或許是遊戲分析迄今為止最有用的模組。而毋庸置疑的是，隨著人類知識逐漸累積，模組會持續改善。遊戲分析第一個必要條件，就是確認一連串的操弄次序是否符合遊戲標準。然後盡可能地蒐集相關例證，並區分出這些例證的重要特質。在這個過程中，會發現特定的面向才是遊戲的本質。因此，我們將各種本質歸類在各個標題之下，並在現有的知識範圍內，提供有意義且具啟發性的答案。進行分析時，是從「受影響的人」的觀點出發──在上述案例中，就是懷特太太。

命題（thesis）。這是遊戲的普遍描述，包括當下的連續事件（社會層面），以及遊戲玩家的資訊，包括心理背景、心理變化以及心理意義（心理層面）。在「要不是為了你」婚姻版中，上述說明已經提供足夠的細節。為了行文簡潔，這個遊戲

將以IWFY（If It Weren't For You）稱之。

反命題（antithesis）。除非確認驗證為真，否則假設某一連續事例已構成遊戲，都不過是暫時的論點。而藉由另一方拒絕參與遊戲或破壞結局，得以完成上述驗證。如此一來，「受影響的人」就會以更激烈的方法讓遊戲繼續下去。面對拒絕再玩或成功破壞結局的人，受影響的人便會陷入稱之為「絕望」的狀態。絕望和憂鬱在某些面向上有些相似，但也有極大的差異。絕望的感受更為尖銳激烈，而且有著挫折和混亂的成分在。舉例來說，絕望有可能以莫名所以的哭泣開始表現出來。在成功的社會心理治療案例中，絕望能迅速地化為幽默的大笑，意謂著個案的「成人」意識到：「我又來了！」（There I go again!）因此，絕望是「成人」的關切重點，反觀憂鬱，「兒童」則握有影響力 。憂鬱的對立是希望、熱忱或對周遭有著強烈的興趣；絕望的對立則是大笑。具治療作用的遊戲分析其趣味之處便是在此。IWFY的反命題是放任。只要丈夫繼續下禁令，遊戲便得以進行。倘若他不再說「妳不准！」而是說「去吧！」太太的深層恐懼就會現形，而她不再有任何理由激化對方，正如懷特太太的例子所揭示的。

為了釐清遊戲，有必要了解反命題，以及它在實務中所發揮的作用。

目標（aim）。此處所指，只是遊戲的普遍目標。有時，目標是有選擇性的。IWFY的目標可能是寬慰（不是因為我害怕，

Games People Play. The Basic Handbook of Transactional Analysis

人間遊戲

是因為他不准）或辯護（不是因為我不想嘗試，是他阻止我）。寬慰的功能比較容易釐清，也和妻子的安全感需求更為一致，也因此，IWFY 大多單純的被認為其目標就是尋求寬慰。

角色（roles）。如上述內容，自我狀態並非角色，而是現象。因此，自我狀態和角色必須在描述遊戲的形式時直接區分。根據參與角色的人數，遊戲可能會被描述為兩人、三人，甚至多人。有時，每個玩家的自我狀態會對應到他的角色，有時則否。

IWFY 是兩人遊戲，需要兩種角色，分別是受到約束的妻子以及專橫的丈夫。妻子所扮演的角色可能是謹慎的「成人」（最好是他說什麼，我都照做）或任性的「兒童」。專橫的丈夫可能維持一貫的「成人」（妳最好照我說的話去做）或慢慢變成「父母」（照我的話做，妳會愈來愈好）。

動力（dynamics）。針對每一個遊戲事件背後的心理動力驅動力而做的觀察，其方法是有選擇性的。然而，我們通常選擇單一的心理動力觀念，以有效、適當且有意義地體現遊戲的環境。因此，針對 IWFY 最適當的描述便是，這個遊戲自恐懼衍生而來。

例子（examples）。研究遊戲的兒童期起源或嬰兒期的原型，可以增進我們的理解，想要完成遊戲的形式描述，就值得探索遊戲的濫觴。巧合的是，無論孩童或成人，兩者都經常進行 IWFY，因此，孩童版的 IWFY 也和成人版相同，只是限制

妻子的先生角色為現實的父母所取代。

溝通分析範例（transactional paradigm）。典型的溝通分析所呈現並提供的，不外乎同時揭露曖昧交流中的社會層面和心理層面。在最戲劇化的形式中，社會層面裡的IWFY屬於「父母－兒童」：

懷特先生：「妳待在家裡，好好整理家裡。」

懷特太太：「要不是為了你，我大可出門好好享樂。」

而在心理層面（曖昧的婚姻契約）上，兩人的關係是「兒童－兒童」，和社會層面截然不同。

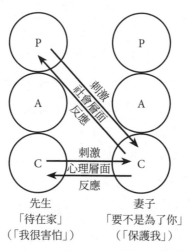

圖表七：心理遊戲

懷特先生：「我到家的時候，妳一定要在，我很害怕遭到遺棄。」

懷特太太：「如果你讓我免於恐懼，我就會待在家。」

圖表七呈現出上述兩種層面。

行動（moves）。遊戲中的行動大致上可對應至儀式中的安撫。正如所有遊戲，玩家也會藉由練習變得更加熟練，汰除沒有意義的行動，並將愈來愈多的目標濃縮進每一次的行動中。「美好友誼」大多奠基於一個事實，即玩家就各自富裕的經濟條件和樂趣相互襯托，由此從他們互動的遊戲中，以最低限度的付出，取得最大的效益。某些調解人行動、預防性行動或讓步的行動都會巧妙避開，以維持人際關係的高度簡潔。省去攻防性的策略行動，餘力便可用來錦上添花，平添雙方樂趣，有時甚至增加旁觀者的樂趣。研究者也觀察到遊戲的程式有其最低限度且必要的行動，且必須詳列在遊戲規則中。各別的玩家根據自己的需要、天賦或欲望，來修飾或增加基本的必要行動。IWFY的基礎架構如下：

（1）指示－順從（待在家－好）

（2）指示－反抗（繼續待在家－要不是為了你）

好處（advantages）。遊戲大體上的好處在於其穩定遊戲本身（自我平衡）的功能。安撫促進生理上的自我平衡，而確認立場則強化心理上的穩定。正如先前提過的，安撫有多種形

式，因此遊戲在生物需求的好處（biological advantage）或許可以極具觸覺的方式說明。先生在IWFY的角色就像一記反手耳光（不同於一般摑掌的直接羞辱），而妻子的反應則猶如任性地踢小腿。IWFY的生物需求的好處自雙方「好戰－任性」的交流中衍生而出：雖然令人痛苦，卻是非常有效率的方法，足以維持兩人神經組織的健康。

　　確認妻子的立場──「所有男人都是暴君」──就是存在需求的好處（existential advantage）。這個立場反應出她屈服的需求，她屈服於內在的恐懼、表露出構成所有遊戲的一貫結構。延伸而出的說法則是：「如果我獨自外出走進人群，我會受不了誘惑而屈服；待在家的話，我不會屈服：是他逼迫我的，證明所有男人都是暴君。」因此，IWFY常見苦於不真實感受的女性，象徵著她們在強烈的誘惑之下，無法保有「成人」來面對的困難。這些機制的詳細說明屬於精神分析的範疇，並非遊戲分析的領域。在遊戲分析的領域裡，最後的結果才是至關緊要的。

　　遊戲的心理層面的內在好處（internal psychological advantage）是指遊戲對心理經濟（〔psychic economy〕即libido〔原欲〕＊）的直接影響力。在IWFY中，妻子以社會普遍接納的方式，臣服於先生的權威命令，藉此避免親自體驗神經恐懼。同時，它

＊ 譯注：Libido原意為性欲，佛洛伊德從拉丁文借用，用以描述心靈精神系統運轉的動力

也滿足被虐需求，若這方面的需求存在的話。但是，使用受虐需求一詞並非基於自我克制的意義，而是其在剝奪、屈辱和痛苦的環境中，所具有的古典意義的性興奮。換言之，遭到剝奪和支配，讓她感覺興奮。

而**心理層面的外在好處**（external psychological advantage）指的是，透過玩遊戲，避免令人恐懼的情況發生。這在IWFY特別明顯，因為這才是最主要的動機：藉由遵守先生的限制，妻子避免面對自己深感恐懼的公共環境。

遊戲的名稱表明了**社會層面的內在好處**（internal social advantage），因為遊戲發生在個人的親密社交圈。藉由順從先生，妻子獲得表達「要不是為了你」的特權。她必須和先生共處，而這個特權有助於她建構相處的時間。在懷特太太的案例中，建構時間的需求猶為強烈，因為兩人之間缺乏共同興趣，特別是孩子出生之前和孩子長大之後。在此期間，該遊戲較少出現在兩人生活中，因為孩子發揮了為父母建構時間的功能，同時提供了另一種更被廣泛接受的IWFY變化版：忙碌的家庭主婦。在美國，年輕的母親確實非常忙碌的事實並不會影響此變化版的分析。遊戲分析不過是希望不帶偏見地回答一個問題：有鑑於一名年輕女性異常忙碌的事實，那麼，她如何善用自身的忙碌，以得到相對應的補償？

在社會接觸中，由環境所創造而出的價值，形塑出**社會層面的外在好處**（External social advantage）。在「要不是為了

你」的個案中，妻子向先生說的這句話，在和朋友共進晨間咖啡時，可以見到其轉化為「要不是為了他」的消遣。於是，我們再度見識到，遊戲對選擇社交伙伴的影響力。獲邀參加早餐咖啡聚會的新鄰居，其實是獲邀參加「要不是為了他」。其他條件不變，倘使她加入了，而且表現良好，便能成為原有成員中的知己。倘使她拒絕加入，堅持以寬厚的觀點評論自己的先生，她是無法長久留在這個圈子的。她的處境猶如身在雞尾酒派對裡，卻不斷拒絕喝酒——在大多數的人際關係圈中，她會漸漸從邀請名單中消失。

以上是IWFY的完整形式分析。為了釐清更進一步的分析其程序，後續將深入分析探討「你為什麼不—是的，可是」（Why Don't You—Yes But），因為這是在全世界各個社交場合、會議和心理治療團體中，最常出現的遊戲。

3、心理遊戲的起源

就現今觀點來看，兒童教養可視為一種教育過程，從中兒童學會玩什麼遊戲，以及如何玩遊戲。同時也教導他程序、儀式和消遣，以符合他在當下環境裡的立場，然而，這些相對不是那麼重要。假設其他條件相同，他對程序、儀式和消遣的了解和熟練度足以決定他未來的機會；而他的遊戲決定他如何善用機會，以及他是否有能耐善用環境所創造的結果。他最喜歡

Games People Play. The Basic Handbook of Transactional Analysis

人間遊戲

的遊戲將成為人生腳本（script），或潛意識生涯規畫的一環，並且決定他最終的命運（同樣的，假設其他條件相同）：婚姻和事業的結局，以及臨死前的環境。

　　儘管殷切照顧孩子的父母付出相當程度的關心，教導孩子適合他們身分的程序、儀式和消遣，並付出同樣的心力，為孩子選擇學校、大學和教會，藉以深化他們的諄諄教誨，卻往往忽略了遊戲中的問題，而遊戲形成每個家庭的情緒動力基礎結構，兒童在人生早期，從遊戲裡學習日常生活的重要經驗。數千年來，人類以相當籠統且缺乏系統的方法討論相關問題，而在現代正統精神醫學著作中，已嘗試用更有條理的方式理解上述議題。但是，若沒有遊戲的概念，幾乎不可能達到前後一致的研究成果。個人內在心理動力的各種理論，迄今為止都無法令人滿意地解決人際關係問題。因為人際關係是人際溝通的場域，需要的是社會動力的理論，絕對不能單純地衍生於個人動機的考量。

　　由於少見不但擅長遊戲分析，同時也受過專業訓練的兒童心理學家和兒童心理治療專家，針對遊戲形成的最初的觀察因而相當匱乏。所幸下述事件發生的當下，一名專業知識豐富的溝通分析專家也在場。

　　七歲的譚吉晚餐時因為胃痛，希望能離開一下。他的父母建議他躺著休息一會兒。他三歲的弟弟麥克說：「我也胃痛。」顯然希望獲得同樣的關注。父親看了一下麥克，然後說：「你

不會是想玩同一招吧，是嗎？」麥克隨之大笑，說：「不想！」

　　如果這件事發生在奉行特定飲食法或腸道健康的家庭，麥克會由緊張兮兮的父母護送到床上休息。一旦麥克和父母多次重複這個事件，可以預料的是，這個遊戲可能會形成麥克性格的一部分，前提是父母願意配合。只要麥克嫉妒競爭者所擁有的特權，他就會以生病為由，為自己爭取某些特殊待遇。因此，上述事件包含以下曖昧的交流：（社會層面的）「我覺得不舒服」＋（心理層面的）「你們也要讓我享有特權」。然而，麥克卻從這臆測下的人生中獲救。也或許，他的命運會以更悲慘的結束告終，但這都不是重點。重點在於，這個遊戲在**萌芽狀態**（statu nascendi），就因為父親的提問以及孩子的坦承以對而結束了。

　　這個事件清楚地傳達出，遊戲通常都是由幼小的孩童刻意發起的。一旦遊戲變成刺激和反應的固定模式後，遊戲的起源消便失在時間的迷霧之中，而遊戲的曖昧本質也消失在社會的煙霧裡。唯有適當的程序，才能讓玩家再次意識到遊戲的起源和曖昧本質：特定的分析治療可以找回起源，而反命題則顯露出其曖昧層面。順著這些重點，重複進行臨床經驗分析，會清楚發現，遊戲的本質是模仿，且最初都是由兒童人格的「成人」面向（新精神狀態）所制定。如果兒童自我狀態能夠在成人玩家心中復甦，這部分（兒童自我狀態的「成人」面向）的心理傾向將會相當顯著，加上其操弄他人的技巧極其令人欽羨，以致我們會口語上稱之為（精神病學）「教授」。因此，在著重遊

戲分析的精神療法團體中，其中一個更為細膩的程序便是在每個個案身上尋找小「教授」，他在早期（介於兩歲到八歲之間）設置遊戲的經歷，讓在場所有人不但聽得如痴如醉、樂在其中，甚至感到雀躍不已（除非這些遊戲相當悲慘），而個案本身也會陷入理所當然的自我陶醉和自得意滿。一旦他達到這個境界，便能慢慢拋開某種不當的行為模式，少了這行為模式，他可以過得更好。

這就是為什麼建立遊戲的形式描述之前，會嘗試描述遊戲的嬰兒期或童年期原型。

▋ 4、心理遊戲的功能

由於在日常生活中少有親密接觸的機會，加上有些親密形式（尤其是過度熱情的）對多數人而言，在心理上無法接受，才會導致在嚴肅的社交生活中，多數時間都用在玩遊戲。因此，遊戲不但必需，也相當有意義，唯一要探討的問題只有，該遊戲是否能為個人提供最高效益。基於此，請務必記得，遊戲的精髓正是其結局，或報酬。初步行動的主要功能是建立結局所需的環境，然而其設定目標乃在於，在被允許的範圍內，每個階段皆能獲致最大滿足，並以此為次要成果。因此，「幫倒忙」（〔Schlemiel〕把事情弄糟後，再道歉了事）遊戲的結局和目標，就是獲得他人接受道歉後、迫不得已的諒解；玩家刻

意打翻水杯，或者被香菸燙傷不過是導致這個結局的一步，然而，每一次的冒犯自有其樂趣可言。打翻水杯的樂趣，並不構成遊戲。道歉才是關鍵的刺激因素，並導向結尾。如果沒有上述程序，打翻水杯或許很有趣，卻也只是一種破壞性的過程或惡意行為罷了。

「酗酒者」（alcoholic）遊戲也非常類似：無論有什麼生理上的緣由（假設真有的話），就遊戲分析的角度來看，飲酒只是人們在某種情境下的一種行動。喝酒本身或許有其獨特的樂趣，但並非遊戲的實質要素。酗酒的變化形「乾酗酒者」（Dry Alcoholic）也充分說明上述說法，其行動和酗酒不但相同，也導向同樣的結局，實際上卻跟酒完全沾不上邊。

除了時間結構這方面的社會功能令人滿意之外，某些遊戲對一些人的健康有其迫切需要。這些人的精神狀態非常不穩定，立場也相當脆弱，若是剝奪他們遊戲的權利，可能會使他們陷入難以修復的絕望當中，甚至是精神方面的疾病。這些人將激烈地反對任何對立的行動。這種情形通常出現在婚姻關係，其中配偶一方的精神狀況改善（也就是放棄破壞性的遊戲）之後，反而導致另一方的狀況急速惡化，因為對後者而言，遊戲對維持平衡有絕對的重要性。因此，謹慎進行遊戲分析有其必要。

幸運的是，遊戲所沒有的親密關係，或許是，甚至應該是人類最美好的生活形式，而人們從親密關係中所獲得的回報如

Games People Play. The Basic Handbook of Transactional Analysis

人間遊戲

此美妙，即使精神狀態不穩定的性格，亦可安心且自在地退出遊戲，只要能夠找到一名合適的伴侶，一起建立更好的關係。

更廣泛來說，遊戲是每個人潛意識人生規畫或腳本中，不可或缺且強而有力的構成要素；在他等待最後結局時，遊戲可用來填補時間，同時驅動行動向前。人生腳本的最後一幕不是奇蹟就是災難，取決於腳本的建設性或破壞性，遊戲的性質也因此相應而生。用更容易理解的話來說，倘若某個人的腳本以「等待聖誕老人」為目標，就很有可能樂於參與「天啊，你太厲害了，驚奇先生」之類的遊戲中，反觀一個以「等著兩腿一伸」等悲慘劇本為目標的人，則會參與「我逮到你了，你這個混蛋」（Now I've Got You, You Son of a Bitch）這種不討喜的遊戲中。

必須強調的是，上述句子裡的口語描述是遊戲分析的必要環節，可在人際溝通心理治療團體和研討會中自由運用。其中，「等著兩腿一伸」源於一名個案的夢境，她在夢裡決定「在兩腿一伸前」完成某些事。另一名個案在一個歷時已久的團體治療中指出治療師忽略的事實：在現實中，等待聖誕老人和等著兩腿一伸是同義詞。在遊戲分析中，口語表達具決定性的重要意義，之後會更進一步的討論。

5、心理遊戲的分類

前述內容已經提及多數應用在遊戲和消遣分析中的變項，

所有變項也都可以系統化地應用在遊戲和消遣的分類上。此外，另一些更為顯著的分類方式則是基於下列因素：

1. 玩家人數（number of players）：兩人遊戲（性冷感的女人）、三人遊戲（不如你和他打一架）、五人遊戲（酗酒）和多人遊戲（你為什麼不—是的，可是）。

2. 通行要素（currency used）：詞彙（心理治療）、金錢（債務人）、身體的一部分（多次手術）。

3. 臨床類型（clinical types）：歇斯底里（挑逗）、強迫症（幫倒忙）、偏執（為什麼這種事老是發生在我身上）、憂鬱（我又這麼做了）。

4. 部位（zonal）：口腔（酗酒）、肛門（幫倒忙）、陽具崇拜（不如你和他打一架）。

5. 心理動力（psychodynamic）：反恐懼（要不是為了你）、投射（家長教師聯誼會）、內射（心理治療）。

6. 本能（instinctual）：受虐狂（要不是為了你）、施虐狂（幫倒忙）、戀物（性冷感的男人）。

除了玩家人數，其他三種量化變項通常也會列入考量：

1. 彈性（flexibility）：某些遊戲如債務人和多次手術等，只需要一種通行要素便可進行，而其他類型的遊戲如出風頭，在這方面則相對更有彈性。

2. 韌性（tenacity）：某些人容易放棄遊戲，另外一些人則相當不懈。

3. 投入程度（intensity）：某些人進行遊戲的態度較為輕鬆，另一些人相對緊繃且具攻擊性。因此，遊戲也有難易之別。

上述三個因素的總和決定遊戲是溫和或暴力。在心理狀態失常的人身上，通常可見這方面顯著的發展，由此也能夠顯示出階段變化。一開始，偏執型思覺失調症患者可能會進行有彈性、鬆散且簡單的「難道你不覺得很糟嗎」的第一階段，隨後進展到毫無彈性、固執且痛苦的第三階段。遊戲的階段區分如下：

a. 第一度（First Degree）：行動者的社交圈還處於能夠接受這遊戲的階段。

b. 第二度（Second Degree）：遊戲尚未引起永久且無可挽回的傷害，但玩家寧可隱瞞，不為眾人發現。

c. 第三度（Third Degree）：進行遊戲是為了做個了結，最終會在手術、法院或停屍間結束一切。

分析 IWFY 時所討論的其他特定因素也可做為遊戲分類的依據：目標、角色或最明顯的好處。最適合系統化、科學化分類的，或許是生存立場因素；但由於相關知識尚未有足夠進展，只能暫緩這方面的分類。因此，現今大多數的實際分類方法，仍屬於社會學的領域，而這也是本書〈第二部〉所應用的方法。

註記

感謝史蒂芬‧波特（Stephen Potter）對日常社交生活中，操弄和算計所提出的幽默、敏銳觀察 [2]；梅德（G. H. Mead）也對社交生活的遊戲角色進行前瞻性的研究。[3] 從一九五八年起，舊金山社會心理治療專題中心便著手系統化研究這些可能引發精神障礙的遊戲。近年來，薩斯（T. Szasz）也開始探索這類型的遊戲。[4] 至於團體治療中的遊戲角色進展，可參考筆者探討團體動力學的專著。[5]

參考資料

1 Maurer, D. W. The Big Con. The Bobbs-Merrill Co., New York, 1940.

2 Potter, S. Theory and Practice of Gamemanship. Henry Holt & Company, New York, n.d.

3 Mead, G. H. Mind, Self and Society. University of Chicago Press, Chicago, 1934

4 Szasz, T. The Myth of Mental Illness. Harper & Brothers, New York, 1961.

5 Berne, E. The Structure and Dynamics of Organization and Groups. J. B. Lippincott Company, Philadelphia and Montreal, 1963.

PART

II

A Thesaurus of Games
心理遊戲辭典

導論

Introduction

　　這個部分到目前為止（一九六二年）的發展，已相當完備，但新的心理遊戲仍持續出現。有時候，看起來不過是某一遊戲的例子，經過更縝密的研究，結果變成另一種全新的遊戲，而看似是新遊戲的，常是另一種遊戲的變化形。隨著知識累積，遊戲分析的個別要素也會有所改變。舉例而言，有許多可能的選擇方式用以描述動力學，而原本的理論主張，結果可能不是最令人信服的。無論如何，本書羅列出的清單和分析要素，當能滿足臨床分析。

　　部分遊戲會有完整的討論和分析。而另一些遊戲，由於需要更縝密的研究、或是極為少見，或者具備不言而喻的重要性，因而只會簡短介紹。遊戲中的關鍵人物通常稱為「行動者」，或以「懷特」（White）稱之，另一名參與者則稱為「布萊克」（Black）。

　　遊戲的分類群組則是根據最常發生該狀況的場域：生活遊戲、婚姻遊戲、派對遊戲、性遊戲、黑社會遊戲，以及專業的諮商室遊戲，最後則是幾個善行遊戲的例子。

1、標註

以下標註將用於分析程序。

題目：如果遊戲的名稱過長，就會在文本中使用縮寫來簡稱。然而，進行口頭報告時，盡可能使用遊戲全名，而不是縮寫或簡稱。

命題：盡可能明確重述。

目標：根據記錄者的經驗，目標提供了最有意義的選項。

角色：遊戲最主要的人物會率先出現，而遊戲也會以其視角來進行討論。

動力：和遊戲目標相同。

例子：（1）呈現童年時期的遊戲，也是最容易辨識的相關原型；（2）呈現成年生活的遊戲。

典範：盡可能簡短呈現關鍵的人際溝通，或者分別呈現社會層面和心理層面的人際溝通。

行動：提供遊戲實踐時，最低限度的人際溝通刺激和人際溝通回應。在不同狀況下，行動的延伸、減少或稍作修飾並不受限。

好處：（1）心理層面的內在好處——說明遊戲如何提升個人內在心理的穩定度。（2）心理層面的外在好處——說明如何避免引發焦慮的環境和親密關係。（3）社會層面的內在好處——說明和親密的人進行遊戲時所使用的特有詞彙。（4）社會

層面的外在好處——在較不親密的人際關係圈所進行的遊戲中衍生或進行消遣時使用的關鍵詞彙。（5）生物需求的好處——嘗試具體描繪遊戲提供給參與者的安撫類型。（6）存在需求的好處——說明進行遊戲時常見的立場。

相關遊戲：指出對應互補、同性質和完全對立的遊戲。

唯有在心理治療的環境中，才能充分了解一個遊戲。相對於進行建設性遊戲的人，進行破壞性遊戲的人更常尋求治療師的協助。也因此，人們對於破壞性遊戲有較多的理解，但請讀者謹記在心，有更多幸運的人正進行著建設性的遊戲。為了避免遊戲的概念一如其他精神醫學名詞一樣遭過度濫用，在此必須強調，遊戲是非常精確的觀念：依上述標準，遊戲能夠自程序、儀式、消遣、操作、操弄和各種立場衍生的態度中清楚辨識出來。遊戲因立場（position）而得以進行，但立場以及相對應的態度絕非遊戲。

▎2、口語表達

本書使用的諸多口語表達皆來自個案。若在適當的時機和考量下使用，玩家大多持欣賞、理解並且樂在其中的態度。倘使某些口語表達看似不敬，其諷刺意味理應是針對遊戲本身，而非玩家。口語表達的首要條件是適性，如果聽起來分外有趣，絕對是因為一針見血。正如我在其他場合探討口語表述的

Games People Play. The Basic Handbook of Transactional Analysis

人間遊戲

想法，就算用一整頁博學的拗口文字，也無法像「那女人有夠賤」或「那男人有夠混蛋」一樣精準傳達。[1] 為了學術研究的目的，我們用科學術語說明心理學的事實，但實際上，想有效辨識一個人的情緒張力，可能需要另一種方法。因此，我們更樂意以「難道你不覺得很糟嗎？」取代「文字化表達肛門攻擊欲望的投射」。前者不但更具動力意義和衝擊，實際上，也更為精準。而且有時，相較於昏暗的空間，人在明亮的空間更能迅速成長。

參考資料

1 Berne, E. "Intuition IV: Primal Images & Primal Judgments." *Psychiatric Quarterly.* 29: 634-658, 1955.

6 生活遊戲
Life Games

對於身在一般社會環境下的玩家而言，所有的心理遊戲對他們的命運都有著非常重要，而且可能也是決定性的影響；但是，相較於其他心理遊戲，有些遊戲雖提供更多的人生機會，卻也更容易將無辜的旁觀者牽扯進去。這類型的心理遊戲大可以「生活遊戲」稱之，其中包括「酗酒者」、「債務人」、「踢我」、「我逮到你了，你這個混蛋」、「都是你害我的」（See What You Made Me Do）以及這些遊戲主要的變化形。而生活遊戲某一部分已併入婚姻遊戲，另一部分則併入了黑社會遊戲。

1、酗酒者（酒鬼）

命題。在遊戲分析中，並沒有切確的酒精中毒或者酗酒的人，但在這遊戲類型中，確實有一個角色叫做酗酒者。如果生物化學作用或生理異常是造成過度飲酒的原動機（prime mover）——這個問題尚未有定論——那麼過度飲酒的研究應該屬於內科的領域。遊戲分析所著重的，則另有其事——亦即和過度飲

酒有關的社會人際溝通，也因此才會有所謂的「酗酒者」遊戲。

它發展到最極致時會是五人遊戲，雖然遊戲開始和結束時，人數都會減少至兩人。酗酒者的核心角色——即關鍵人物——由懷特所扮演。主要的配角稱為壓迫者，一般由異性扮演，通常是伴侶。第三個角色則是拯救者，一般為同性，通常是親切的家庭醫生，非常關注個案以及過度飲酒的問題。在經典的酗酒遊戲裡，醫生成功地幫助酗酒者戒除惡習。懷特持續長達六個月滴酒不沾的生活後，他們恭賀彼此。隔天，懷特卻被發現爛醉在排水溝旁。

第四個角色是膽小鬼（Patsy），或笨蛋。*在文學作品中，這個角色通常是熟食店老闆，他任由懷特賒帳，或賒欠三明治，甚至一杯咖啡，他沒想過要為難懷特，也沒想過要拯救他。在現實生活中，膽小鬼的角色通常由懷特的母親擔任，她不但給他錢，還同情兒子有個不理解他的妻子。至此，懷特必須替他的金錢需求提出一些似是而非的理由——提出一些想法，而且雙方也都佯裝相信，雖然兩人也都心裡有數，他錢會花在哪裡。有時候，膽小鬼會慢慢改變，成為另一種角色，感覺樂於助人，卻並非必要的角色：即鼓動者，所謂的「好人」，負責提供補給品，即使對方並未開口要求：「過來和我喝一杯（這樣你才會每況愈下）。」

---

* 作者注：在美國的地下社會文化中，Patsy原指「沒問題」或者「我很滿意」，後來則變成「鴿子」，也就是天真愚笨的傻瓜。

而在所有飲酒遊戲中的輔助專業人士若不是酒保，就是酒品商店員工。在酗酒者遊戲中，他扮演第五個角色，即連結者，他不但直接供應酒品，且深諳各種酒類話題，從某個角度而言，他也是每一個成癮者的生命中最有深度的人物。連結者和其他玩家之間的差異，就像在任何遊戲中，專業人士和外行人之間的差異：專業人士知道何時收手。一個體貼的酒保會在某個時刻拒絕服務酗酒者，於是酗酒者在沒有供給來源後索性離開，除非他找到另一個更縱容他的連結者。

在酗酒者遊戲的初期階段，妻子會扮演起以下三種配角：夜深人靜時，她是膽小鬼，替他脫衣服，為他煮咖啡，任憑他痛打自己；到了早上，她變成壓迫者，痛斥他的種種惡行；到了傍晚，她是拯救者，懇求他改善兩人關係。到了後期階段，有時因為生理機能惡化，壓迫者和拯救者會被摒棄，但如果他們也變得委靡而成為供應來源，則會被容忍。倘若傳教所提供免費餐點，懷特就會前往並獲得救贖；或者，忍受一個外行人或專業人士的斥責，只要事後他能夠獲得對方的施捨。

迄今為止的研究顯示，酗酒者遊戲的結局（也是心理遊戲的普遍特色）源於多數研究者並未留心之處。在這個遊戲的分析中，喝酒本身不過是附帶的樂趣，卻有著額外的好處，即通往遊戲高潮——也就是宿醉——的過程。「幫倒忙」遊戲亦是如此：懷特製造混亂吸引了眾多注意，充其量只是一種有趣的手段，目標是為了導向癥結點——獲得布萊克的原諒。

對酗酒者而言，宿醉的生理痛苦比不上內心的折磨。而最受飲酒者喜愛的兩種消遣分別是「馬丁尼」（喝了幾杯酒，以及混合了哪些酒）以及「隔天清晨來到」（我來跟你聊聊宿醉）。在大多數的情況下，因社交而飲酒者會進行「馬丁尼」；許多酗酒者則偏好著重心理層面的「隔天清晨來到」，而匿名戒酒會等組織便提供了酗酒者無數的機會進行「隔天清晨來到」。

每當個案在狂歡之後拜訪他的精神科醫生，他便會以各種名字稱呼自己；而醫生並未對此表示任何意見。之後，懷特在團體治療中回顧與精神科醫生會面的過程時，自滿地表示醫生用這些名字稱呼他。在治療的場合，許多酗酒者談話的主要重點不是他們的飲酒問題，而是隨之而來的痛苦，但他們顯然依從他們的壓迫者，盡可能地談論飲酒問題。除了飲酒所帶來的個人樂趣之外，飲酒的交流目的便是創造一種情境，讓「兒童」受到嚴苛的責備，不只是受到內在的「父母」責備，還包括周圍環境所有具備父母形象且願意關注他的人。因此，該遊戲的治療方式並非關注飲酒行為，而是「隔天清晨來到」，飲酒者自責下隱藏的自我放縱。然而，還有一種嚴重酗酒的類型，他們並未宿醉，因此不屬於酗酒者遊戲。

在另一個遊戲「乾酗酒者」中，懷特經歷財務和社會地位衰退，雖滴酒未沾，卻表現出一連串相同的行動，也需要相同的支援陣容。同樣的，癥結點依然是「隔天清晨來到」。「乾酗酒者」和一般「酗酒者」之間的相同點在於，兩者都是遊戲；

舉例來說，兩者遭到解僱的程序都相同。「成癮者」類似於「酗酒者」，但更加險惡、更加戲劇化、更加驚人且發展迅速。至少，在美國社會中，成癮者遊戲更依賴眼前的壓迫者，少有膽小鬼和拯救者，而連結者則扮演更加重要的角色。

和酗酒者遊戲相關的組織很多，有些組織的規模擴及全國，甚至國際，其他則屬於地區性的。多數組織都曾公布酗酒者遊戲的規則，也幾乎所有規則都解釋了如何扮演酗酒者的角色：早餐前先喝一杯，把錢挪作其他用途等等。這些組織也說明了拯救者的功能。例如，匿名戒酒會持續進行酗酒者遊戲，並專注在勸說酗酒者，以扮演拯救者的角色。前酗酒者是首選，因為他們知道遊戲如何進行，比從未玩過酗酒者遊戲的人更適合扮演配角。也曾傳出匿名戒酒會完全沒有酗酒者參與的案例，除非成員恢復飲酒習慣，否則一旦缺乏必須拯救的人，遊戲根本無法進行下去[1]。

有些組織致力於改善其他玩家的命運，便力促玩家的另一半改變角色並由壓迫者變成拯救者。而看起來最接近理論的理想治療方法，是從酗酒者的年輕子女身上著力；這些年輕人一受到鼓舞，隨即逃離遊戲，而不僅是改變他們的角色。

酗酒者的心理治療重點在於完全停止遊戲，而非只是單純地改變角色。在某些案例中，這是可行的，雖然想要找到和繼續進行酗酒遊戲一樣有趣的事物是一件非常困難的事。由於他原則上恐懼的是親密關係，因此用來取代酗酒遊戲的，比較可

能是另一個遊戲，而非不受限於遊戲的關係。多數時候，所謂痊癒的酗酒者，其對社交關係較不主動，也可能認為生活缺乏刺激，因而傾向於故態復萌。真正的「遊戲痊癒」標準，是前酗酒者能夠在社交場合飲酒，而不致重蹈覆轍。遊戲分析者不該滿足於常見的「全面性的禁酒」治療。

從遊戲的描述可明顯看出，拯救者傾向進行「我只是想幫你」，壓迫者則是「都是你害我的」，而傻瓜會進行「好好先生」（Good Joe）。隨著援助組織的興起，並宣揚酗酒是一種疾病，酗酒者也被教育要進行「義肢」（Wooden Leg）遊戲。而如今，對這些人投以關懷的法律亦有此傾向，其著重的部分由壓迫者轉為拯救者，從「我有罪」（I am a sinner）變成「你能期待病人做什麼？」（What do you expect from a sick man?）（造成這種傾向的部分原因，乃在於現今的思考方向遠離宗教、朝向科學）。從生存的觀點而論，這種改變頗令人質疑，由實質面來看，幾乎也沒有減少重度酗酒者對酒的需求。儘管如此，匿名戒酒會依然是多數人治療過度放縱最好的開始。

反命題。眾所皆知，「酗酒者」遊戲令人沉迷且難以戒除。在一個案例中，一名女性酗酒者一開始不太參與匿名戒酒會，直到她認為自己對其他成員已有相當的理解，她才開始進入自己的遊戲。接著，她一一詢問其他成員對她的看法。由於她過去舉止得宜，好幾個成員不約而同地稱讚她，反而引起她的不悅：「這不是我想聽的。我想知道你真正的想法。」她明確表

達自己想聽的，是惡毒的評論。其他女性成員拒絕傷害她，於是她回家並告訴先生，如果她再喝一杯酒，他要麼和她離婚，或者送她到醫院。他答應了。當天傍晚，她又喝得酩酊大醉，他便將她送往療養院。在這個例子中，其他成員拒絕扮演懷特指定的壓迫者角色，她無法寬恕此種對立行為，即使每個人努力著眼在她已擁有的內在特質。她最終在家中找到一個人，非常樂意扮演她需要的角色。

然而，在其他案例中，似乎是有可能為個案做好充足的準備以放棄遊戲，並且嘗試真正的社會治療方法，由此治療師便可不必扮演壓迫者或拯救者。如果他扮演膽小鬼，允許個案忽視財務問題和守時的責任，也不見得對酗酒者有任何幫助。就人際溝通的觀點來看，正確的治療程序是，在進行縝密的初步了解後，採取「成人」互信的立場，拒絕扮演任何角色，希望個案不但有辦法忍受戒酒，還能忍受戒除遊戲。不行的話，他最好求助於拯救者。

反命題的難度很高，因為西方社會大多極其重視嚴重酗酒的問題，並視其為譴責、關懷或慷慨的理想對象，而拒絕扮演任一角色的人便是意圖引起公憤。相較於酗酒者，理性的解決途徑對拯救者而言，也許更令人擔憂，有時甚至引發令人遺憾的治療結果。在一次臨床的案例中，一群團體心理治療的工作者太過關注「酗酒者」遊戲，企圖以結束遊戲的方式達到真正的治療效果，而非只是單純地拯救個案。事態明朗之後，贊助

Games People Play. The Basic Handbook of Transactional Analysis

人間遊戲

診所運作的非專業委員會決定驅逐相關人員，從此未再徵召他們協助治療個案。

相關遊戲：「酗酒者」遊戲有個有趣的插曲叫「來一杯」（Have One），是由一個專研產業心理學的學生發現的。懷特和妻子（沒有酗酒問題的壓迫者）與布萊克夫婦（兩人都是膽小鬼）一起野餐。懷特向布萊克夫婦說：「來一杯！」一旦這兩人恭敬不如從命，無異於允許懷特來上四或五杯。倘若布萊克夫婦拒絕，遊戲便揭開序幕。以酗酒的規則來看，懷特會以受到無禮對待為由，在下次野餐時，找來更多唯命是從的朋友。就社會層面而言，上述的行為看似成人自我狀態的慷慨邀請，然在心理層面上，懷特認為布萊克的行為非常傲慢。在懷特太太面前，懷特先生的「兒童」公然賄賂布萊克飲酒，布萊克拒絕之後，反而讓懷特先生的「兒童」獲得「父母」的縱容，而懷特太太全然無力反對。事實上，正因為懷特太太無力反對，她也只能同意這整體的安排，她非常焦慮遊戲繼續進行，當她自己扮演壓迫者的角色時，懷特先生便扮演起酗酒者。我們很容易就能想像野餐後的隔天清晨，懷特太太如何指責懷特。倘若懷特是布萊克的上司，這個變化形遊戲可能會導致更複雜的情況發生。

一般而言，膽小鬼這個角色並不是真的像膽小鬼那麼倒楣。膽小鬼通常是孤獨的，卻因為善待酗酒者而獲益良多。扮演「好好先生」的熟食店老闆則是藉此結識許多朋友，除此之

外，他還會因為慷慨待人以及擅長說故事，進而在自己的社交圈中贏得好名聲。

順帶一提，「好好先生」遊戲有個變化形，正是四處打探消息怎麼盡全力幫助他人。這是個鼓舞人心且有建設性的遊戲，值得讚賞。與之完全的相反的遊戲則是「硬漢」（Tough Guy），在暴力中吸取教訓，或者四處打探怎麼傷害他人。雖然實際上從未有蓄意傷害的情況發生，但玩家會對和真正的硬漢建立關係感到榮幸，因為硬漢的所作所為不過是為了生計，並以此為傲。他們就是法國人所說的「虛張聲勢的壞人」（Un fanfaron de vice）。

分析

命題：我變得這麼糟糕，看你有沒有辦法阻止我。

目標：自我譴責。

角色：酗酒者、壓迫者、拯救者、膽小鬼、連結者。

動力：口腔剝奪。

例子：（1）看你有沒有辦法抓到我。因為非常複雜，所以很難聯想到這個遊戲的原型。然而，兒童（特別是酗酒者的孩子）經常得承受酗酒者各種的操弄特性。「看你有沒有辦法阻止我」涉及說謊、隱匿、探聽詆毀自己的評論、尋求有利人士、尋找樂於施捨的好心鄰居等。自我譴責通常都是幾年後的事。（2）酗酒者及其社交圈。

社會典範：「成人－成人」。

「成人」：「告訴我，你對我真正的想法，不然就幫我戒酒。」

「成人」：「我會老實說。」

心理典範：「父母－兒童」。

「兒童」：「看你有沒有辦法阻止我。」

「父母」：「你必須戒酒，因為……」

行動：（1）挑釁──尋求他人的指責或原諒；（2）縱容──憤怒或失望。

好處：（1）心理層面的內在好處──（a）飲酒做為人際溝通的程序：背叛、寬慰、滿足的渴望。（b）「酗酒者」做為一種遊戲──自我譴責（很可能發生）。（2）心理層面的外在好處──避免性和其他形式的親密行為。（3）社會層面的內在好處──看你有沒有辦法阻止我。（4）社會層面的外在好處──「隔天清晨來到」、「馬丁尼」和其他消遣。（5）生物需求的好處──愛和憤怒的交換過程。（6）存在需求的好處──每個人都想要剝奪我的人生。

▎2、債務人遊戲

命題。「債務人」不只是遊戲。在美國，債務人很容易成為人生腳本或一生的計畫，正如其在非洲和新幾內亞叢林地

區 [2] 的作用。在當地，年輕男性的親人巨額為他買來新娘，使他在未來數年都得背負龐大債務。在美國，至少在更文明的地區，同樣的習俗依舊盛行，只是購買新娘的款項變成購屋費用，如果親人並未資助，銀行便會取代他們的角色。

因此，新幾內亞的年輕人耳朵垂掛著老舊腕表，永誌不忘必須功成名就，美國年輕人則是在手上配戴嶄新的腕表，兩者無不感受到人生有了「目標」。*盛大的祝賀，無論婚禮或新居派對，並非發生在債務結清時，而是承擔債務的當下。舉例來說，電視節目所強調的，不是一個中年男性終於付清貸款，而是年輕男性帶著一家人搬進新屋，驕傲地揮舞手上剛簽好的文件，而這些文件將綑綁住他最具生產力的人生歲月。等到他還清債務──房貸、子女的大學學費以及保險費用──他便會被視為一個問題、一個「年邁的公民」，而社會不只必須提供物資照顧，還得設立新「目標」。一如在新幾內亞，倘若他相當精明，就有可能成為了不起的債權人，而不是背負巨額債務的債務人，只這種情況非常罕見。

走筆至此，一隻球潮蟲正好爬過書桌。萬一他翻肚，便能

---

* 譯註：新幾內亞的年輕人在耳朵上垂掛老舊腕表是伯恩獨樹一格的寫作方式，雖然看似詭異，卻是為了營造新幾內亞和美國紐約兩地殊途同歸的遊戲發展。根據馬可‧馬傑提（Marco Mazetti）於二〇一〇年在蒙特婁國際溝通分析協會的研討會文章指出，伯恩本人非常喜歡旅遊，所以我們會在書中「遇見」來自世界各地的年輕男性。

觀察到他必須奮力掙扎，才能順利脫困。這段期間，他的生命
有了目標。一旦成功，幾乎可以目睹他臉上的勝利表情，甚至
在他離開後，想像他下一次和其他同類相遇時，暢談自己的經
歷，年輕世代仰慕他，一如一隻功成名就的蟲類。只是，他的
沾沾自喜混雜了些許失落。如今他站上顛峰，生命似乎失去目
標。或許，他會再次恢復情緒，一次又一次回味勝利的滋味。
背部沾滿墨水或許是值得的，由此證明自己曾經冒險。球潮
蟲，多麼勇敢的生物，難怪能夠生存長達數百萬年。

　　然而，大多數美國青年唯有在壓力來到之際，才會認真面
對房貸。倘若他們感到消沉，或者經濟狀況不好，責任感會促
使他們繼續努力，也可能防止其中某些人自殺。多數時候，他
們陷入一種輕度遊戲，就是「如果不是為了還債」（If It Weren't
for the Debts）。除此之外，他們非常享受人生。只有非常少數
的人會因進行「債務人」遊戲而分外努力。

　　「試著把錢要回去」（Try and Collect）是已婚年輕人常進行的
遊戲，完整說明一種遊戲的設定，無論怎麼進行，玩家都會「勝
利」。懷特夫婦透過貸款購買各種商品和服務，品味的低下或
奢華取決於兩人的背景，以及父母或祖父母教導他們怎麼進行
這個遊戲。倘使債權人在幾次溫和討債未果之後決心放棄，懷
特夫婦便無後顧之憂，繼續享受生活，就這個意義上來看，他
們贏了。如果債權人以更激烈的手段討債，那麼，懷特夫婦也
會樂於享受這場追逐遊戲的快感當中，一如他們善用其所購置

的商品。唯有債權人下定決心把錢要回來，遊戲形式才會轉而強悍。為了討回債務，債權人必須訴諸極端的手段，通常帶有侵略性質，例如通知懷特的雇主，或駕駛一輛顯眼、震耳欲聾的卡車，車身可見斗大的「討債公司」字樣，直接前往懷特住處。

發展至此，情況有了改變，此際，懷特知道自己可能必須還錢了。只是，在多數情況下，債權人的「第三封信」明確帶有的強制意味（如果你在四十八小時之內沒有出現在我們的辦公室……），會令懷特不由分說地萌生一種憤怒的正當性；於是，他切換至「我逮到你了，你這個混蛋」遊戲。在這個情況下，懷特之所以勝利，在於他證明了債權人的貪婪、無情且不值得信任。這場勝利帶來兩個至為鮮明的好處，（1）它強化了懷特的生存立場，即「所有債權人都是貪得無厭」的偽裝形式；（2）提供龐大的社會層面的外在好處，懷特終於有立場公開向朋友抨擊債權人，卻又不致失去自己「好好先生」的形象。他可能還會更進一步善用社會層面的內在好處，與債權人對質。此外，他藉此為自己辯白，他絕非占信貸系統便宜：倘若如他現在所遭遇到的，債權人總是如此惡質，為何要償還債務？

有時候，小地主則會進行「債權人」遊戲的另一種形式「看你有沒有辦法全身而退」（Try and Get Away With It）。「試著把錢要回去」和「看你有沒有辦法全身而退」的玩家輕易便能辨識出彼此，而且由於這些遊戲可望帶來的人際溝通好處和娛樂

性，他們其實樂在其中、樂於和彼此打交道。無論誰贏得錢，雙方都提升了彼此的立場，並在事件結束之後繼續進行「為什麼這種事老是發生在我身上？」(Why Does This Always Happen To Me?)。

　　和金錢相關的心理遊戲都有可能引發非常嚴重的後果。在有些人聽來，或許會認為上述描述很可笑，這不是因為這些事瑣碎，而是因為我們被教導成只要認真看待重要的事，無法相信上述描述竟暴露出重要事件背後那些微不足道的動機。

　　反命題。顯而易見的，「試著把錢要回去」的反命題便是要求立刻用現金償還債務，但一名優秀的玩家會用各種方法周旋，唯有最強悍的債樣人不吃這一套。「看你有沒有辦法全身而退」的反命題則是即時和坦率。由於頑固的「試試看你能不能把錢要回去」和「看你有沒有辦法全身而退」玩家，從各方面來說都是專業人士，業餘玩家想贏他們的機會，簡直就像挑戰職業賭徒一樣困難。雖然業餘玩家鮮少獲勝，至少可以享受實際參與遊戲的樂趣。根據傳統，這兩種遊戲的進行過程都相當嚴謹，對專業人士而言最無法忍受的，就是業餘人士流露勝利的笑容。在金融圈裡，這種行為必須嚴加禁止。在筆者曾經手的某些例子中，如果在街頭任意嘲笑債務人，會讓他陷入不安、沮喪以及錯亂當中，就像對一個「幫倒忙」的玩家進行「反幫倒忙」遊戲。

▎3、踢我

命題。「踢我」的玩家其社會行為通常無異於穿著一件衣服，上面印有「請不要踢我」的標語。只是踢他一腳的誘惑幾乎令人無法抗拒，一旦有事發生，懷特會可憐兮兮地哭喊著：「衣服上明明寫著『不要踢我！』」他還會難以置信地補上一句：「為什麼這種事老是發生在我身上？」在臨床上，「為什麼這種事老是發生在我身上」可能投射並偽裝成老掉牙的心理藉口「只要壓力來了，我就要面對巨大的衝擊」。「為什麼這種事老是發生在我身上」的其中一個遊戲元素來自負面自豪：「我比你更慘。」這種因素常見於偏執狂患者。

如果懷特周圍的人無論是因為好心、透過進行「我只是想幫你」遊戲、社會慣例或各種規範等方式安撫他都無濟於事，他的行為就會變得愈來愈挑釁，直到他超過界線，逼迫他人配合。這些人通常是邊緣人、情場失意者或職場的輸家。

而在女性之間，其相對應的心理遊戲是「襤褸」（Threadbare）。通常，她們看似優雅地盡力讓自己顯得落魄。為了「讓一切變得更好」，她們留心自身的收入不超出基本生活的水平。倘若她們得到一筆意外之財，總是會有富進取心的年輕男性協助她們擺脫金錢的困擾，換得毫無價值的產品促銷或類似的活動。口語上來說，這類女性稱為「母親的朋友」，隨時提出睿智的「父母」建議，對他人所經驗的一切感同身受。她們所進

Games People Play. The Basic Handbook of Transactional Analysis

人間遊戲

行的「為什麼這種事老是發生在我身上」遊戲是無聲的，而唯有她們勇敢奮鬥，才會讓人聯想起這個遊戲。

　　另一種「為什麼這種事老是發生在我身上」的有趣形式，則好發於適應能力極好的人身上，他們獲得不斷增加的報酬和成功，而且往往超出他們自己的期望。於此，「為什麼這種事老是發生在我身上」若變成「我何德何能？」（What Did I Really Do to Deserve This?），有可能會導引至認真且具建設性的思考，同時創造最有意義的個人成長。

▎4、我逮到你了，你這個混蛋

　　命題。在撲克牌牌局中便可見這個遊戲的經典形式。懷特拿到一手好牌，例如四張 Ace。在這裡，如果懷特是「我逮到你了，你這個混蛋」的玩家，他更在乎的是布萊克的牌桌生死完全取決於自己的慈悲，而非自己的一手好牌或大賺一筆。

　　懷特家中需要安裝水管，他仔細地和水管工人核對費用之後，才同意施工。價格談妥，雙方也同意不會有額外費用。當工人提交帳單時，帳面上竟包括了一小筆額外支出，項目為一非預期卻有必要安裝的閥門——大約四美元，涵蓋在工程總金額四百美元之內。懷特氣炸了，立刻打電話給水管工人，要求他解釋。水管工人不願退讓。於是懷特寫了一封很長的信，批評水管工人缺乏信用和工作倫理，並表明除非水管工人取消額

外費用，否則他不會付錢。水管工人最後終於讓步。

　　事情很快就搞清楚了，懷特和水管工人都在玩心理遊戲。兩人各自在交涉協商的過程中發現彼此潛力。水管工人提交這份帳單，其實是刻意挑釁的行為。因為懷特相信水管工人，所以他明顯理虧。懷特理直氣壯地對他發洩幾乎無法抑制的怒火。懷特把握機會，徹底批判水管工人的待人處事之道，而不是以他所設定的「成人」標準，有尊嚴地進行協商，或許，還摻雜著些許單純的惱怒。表面上看來，兩人的爭論是「成人」對「成人」，關於先前談定金額的合理商業糾紛。在心理層面，則是「父母」對「成人」：懷特正利用一些瑣碎卻也站得住腳的防衛（立場），向詐騙的對手宣洩壓抑多年的憤怒，一如他的母親可能也會在類似的情況也會有的反應。他很快就意識到自己隱而未顯的態度（「我逮到你了，你這個混蛋」），同時意識到他背地裡相當樂見水管工人的挑釁。於是，懷特想起自己從小就在尋找類似的不公不義事件，他不但樂於接受這些事件，還以同樣的力道過度利用。他回憶起諸多相似的例子，卻忘了實際的挑釁行為，只記得緊接而來的爭論過程中，那些種種細節。顯然，水管工人正在進行的是某種「為什麼這種事老是發生在我身上？」的變化形。

　　「我逮到你了，你這個混蛋」屬於兩人遊戲，有別於「難道你不覺得很糟嗎？」（Ain't It Awful?）。在「難道你不覺得很糟嗎？」遊戲中，行動者主動尋找不公不義，目的是向第三方抱

怨，創造三人遊戲：挑釁者、受害者、知己。「難道你不覺得很糟嗎？」的口號是「同病相憐」。知己這個角色本身大多也正在進行「難道你不覺得很糟嗎？」。「為什麼這種事老是發生在我身上？」雖然也是三人遊戲，但行動者的目的是讓自己成為最悲慘的人，與其他不幸的人競爭。「我逮到你了，你這個混蛋」若涉及金錢、獲利，則為三人專業形式的遊戲如「桃色敲詐」（badger game）。但也可能是兩人婚姻遊戲中，不知不覺中所進行的遊戲形式。

　　反命題。最好的反命題就是矯正行為。我們應該在第一時間，便和「我逮到你了，你這個混蛋」的玩家明確、詳盡地陳述人際關係的共同結構以及必須嚴格遵守的規範。舉例而言，在臨床治療中，個案因錯過預約時間或取消預約而產生費用上的問題，必須在當下解決，同時採取必要的預防措施以免帳面有誤。萬一預料之外的困窘狀況發生，反命題便會在毫無爭議的情況下，輕易地消失，除非精神科醫生已經準備好進行遊戲。在日常生活中，與「我逮到你了，你這個混蛋」的玩家相處都有風險。和這種人的太太相處必須以禮相待，即使最幽微的調情、奉承或怠慢都必須避免，尤其是丈夫本人一副慈恵兩人的樣子時。

分析

命題：我逮到你了，你這個混蛋。

目標：憤怒的正當理由。

角色：受害者、挑釁者。

動力：嫉妒的憤怒。

例子：（1）我這次抓到你了。（2）嫉妒的丈夫。

社會典範：「成人－成人」

「成人」：「你看，你做錯事了。」

「成人」：「既然你提出這件事，我想，我的確做錯了。」

心理典範：「父母－兒童」

「父母」：「我一直在監視你，等著你犯錯。」

「兒童」：「你這次抓到我了。」

「父母」：「沒錯，而且我要你完全感受到我的憤怒。」

行動：（1）挑釁——指控。（2）防禦——指控。（3）防禦——懲罰。

好處：（1）心理層面的內在好處——憤怒的正當理由。（2）心理層面的外在好處——避免直接面對自己的錯誤。（3）社會層面的內在好處——我逮到你了，你這個混蛋。（4）社會層面的外在好處——他們一直都在等待你犯錯。（5）生物需求的好處——互起爭端，通常為同性（ipsisexual）之間。（6）存在需求的好處——人不值得信賴。

▌ 5、都是你害我的

　　命題：在傳統的形式中，這屬於婚姻遊戲，事實上也是「三星級的婚姻破壞者」，但也可能出現在父母和孩子之間，或者工作場合。

　　（1）第一度「都是你害我的」：懷特不愛交際，專注於使自己孤立於人群之外的活動。或許，他此刻想要的只是獨處。任何闖入者，如妻子或其中一個孩子，若想尋求懷特的安撫，或詢問「尖嘴鉗在哪？」之類的問題，這類干擾總是「導致」懷特手中的鑿子、油漆刷、打字機或電焊棒不慎滑落，於是他轉而將怒氣發洩在闖入者身上，吼道：「都是你害我的！」多年來一再經歷這種情形，一旦懷特專注在自己的事情時，家人會愈來愈疏遠他。當然，「導致」工具滑落的原因，不是闖入者的打擾，而是他自身的怒氣，他只是樂見這種情況發生，他才能找到藉口趕走闖入者。不幸的是，幼小的孩子輕易便能學會這個遊戲，於是代代相傳。如果玩家刻意以更引人注意的方式進行這個遊戲的話，便能更清楚彰顯出其所隱含的滿足感和好處。

　　（2）第二度「都是你害我的」：如果「都是你害我的」已是基本生活方式，而不只是偶爾使用的防衛機制，那就是懷特和一名進行「我只是想要幫你」或其相關遊戲的女性結婚。懷特會順從她的所有決定。通常，懷特的行為表面上看來會是體貼

或殷勤。他看似謙虛有禮地任由妻子決定到哪裡享用晚餐或看哪一部電影。倘若一切順利，他大可樂在其中。一旦差強人意，懷特有可能明示或暗示地說：「都是你害的。」（You Got Me Into This），這是「都是你害我的」的簡單變化版。又或者，他可能將養育孩子的重責大任交給妻子決定，自己則扮演執行者；萬一孩子有所不適，他大可直接進行「都是你害我的」。行之有年之後，萬一孩子品性不佳，這便成為責備妻子的基本藉口。因此，「都是你害我的」並非終點，而是一種令人滿足的手段，好讓懷特進行「我早就告訴你了」（I Told You So）或「看看你做的好事」（See What You've Done）。

以「都是你害我的」維持精神生活的專業玩家，在職場上亦是如此。職場上的「都是你害我的」，以長年飽受折磨的怨恨表情取代語言文字。玩家一副民主作風，或以「優秀管理」之姿，請他的助理們提供意見。他藉此獲得無懈可擊的立場，足以恐嚇下屬。只要他犯下任何錯誤，便能用來責備下屬。倘若將錯怪罪於上司，將導致自我毀滅的結果，並失去工作，或像在軍隊裡一樣，調離至其他單位。在這個情況下，「都是你害我的」會變成憤怒者的「為什麼這種事老是發生在我身上」的其中一環，或者憂鬱者的「我又來了」的其中一環——兩者同屬「踢我」一員。

（3）第三度「都是你害我的」：這是「都是你害我的」的強硬形式，可能的情況是，偏執狂患者用以反對提供他們建議的

粗心人士（請參考「我只是想幫你」）。這種情況很危險，甚至有少數案件引發致命的結果。

「都是你害我的」與「都是你害的」兩者完美相互呼應，以致兩者的組合在許多婚姻關係中，成為隱而不顯的遊戲契約裡的經典基礎。藉由以下一連串事件，正可說明這種契約關係。

基於共識，由懷特太太負責記帳，並以夫妻的聯名帳戶支付家庭開銷，因為懷特先生「不善於處理數字」。每隔幾個月，他們就會收到透支通知，懷特先生不得不和銀行結清款項。每當兩人探究財務陷入困難的原因時，就會發現原來是懷特太太未告知丈夫，便擅自購買昂貴的物品。真相大白之後，懷特先生憤怒地進行「都是你害的」遊戲，她則含淚接受一切指責，並承諾這種事情不會再發生。兩人的生活變得順利。風平浪靜一段日子之後，債權人代理突然登門拜訪，要求償還一筆拖欠的帳款。從未聽聞該筆款項的懷特先生當下質問妻子。妻子便玩起「都是你害我的」，表明一切都是懷特先生的錯。因為他嚴禁妻子透支帳戶，以致她維持收支平衡的唯一方法，就是隱匿這筆未支付帳款，不讓懷特先生發現。

這些遊戲反覆進行了十年，每次發生時，都說是最後一次，他們從此可以改變人生——但這樣的改變通常只維持幾個月。在治療的過程中，懷特先生精準地分析這個遊戲，全然不必仰賴治療師的協助，他甚至設計出一套有效的補救辦法。兩人彼此同意，所有支出帳戶和銀行帳戶歸在懷特先生名下。懷

特太太則繼續負責記帳和開立支票，只是懷特先生會先確認帳單並控制支出。如此一來，懷特先生就不會遺漏任何債務和透支，預算控管的工作如今由兩人共同承擔。失去「都是你害我的」和「都是你害的」所創造的滿足和好處，懷特夫婦起初感覺失落，卻迫使彼此從對方身上找到多種更開放且建設性的滿足感。

反命題。第一度「都是你害我的」反命題是讓玩家獨處，第二度則是讓決定權回到懷特身上。第一度的玩家可能會因此產生遭到遺棄的反應，但鮮少憤怒；第二度的玩家因為被迫採取主動而顯得悶悶不樂，以至於「都是你害我的」的系統化反命題運作將導致令人不快的結果。第三度「都是你害我的」反命題應該交由稱職的專業人士處理。

部分分析

「都是你害我的」的遊戲目標是自我辯護。在心理動力上，輕微的心理遊戲形式可能與早洩有關，到了盛怒境界的激烈形式則是基於「去勢」焦慮。而兒童輕易便學會此種情緒。心理層面的外在好處（即迴避責任）非常明顯，藉由不該再有親密行為的威脅，加速了遊戲的進展，因為「名正言順」的憤怒是避免性關係的好藉口。存在的立場則是：「我沒有犯錯，不應該怪我。」

註記

感謝加州奧克蘭戒酒教育和治療中心的羅尼‧諾斯醫生（Dr. Rodney Nurse）和法蘭西斯‧馬特森太太（Mrs. France Matson），以及肯尼斯‧艾佛斯醫生、史達瑞爾斯醫生（Dr. R.J. Starrels）、羅伯‧高德溫醫生（Dr. Robert Goulding）與其他人對酗酒問題的研究興趣，並且持續研究「酗酒者」遊戲，還有他們對本章討論的貢獻和批評。

參考資料

1　Berne, Eric. *A Layman's Guide to Psychiatry & Psychoanalysis*. Simon & Schuster. New York, 1957, p.191.

2　Mead, Margaret. *Growing Up in New Guinea*. William Morrow & Company, New York. 1951.

7 婚姻遊戲

Marital Games

　　幾乎所有的心理遊戲都可以形塑成婚姻和家庭生活的基礎架構，但在具法律效用的契約化親密關係中，某些遊戲更是常見，例如「要不是為了你」，或者人們更願意長期忍受「性冷感的女人」。當然，婚姻遊戲有必要和性遊戲絕對區隔，而我們將在另一個章節探討性遊戲。這些遊戲會在婚姻關係中，漸漸發展至最臻完整的形式，包括「困境」（Corner）、「法庭」（Courtroom）、「性冷感的女人」或「性冷感的男人」、折磨（Harried）、「要不是為了你」、「看我多麼努力」（Look How Hard I've Tried）以及「甜心」（Sweetheart）。

▌1、困境

　　命題：相較於多數遊戲，「困境」遊戲更明顯表現出操弄特性，以及其做為親密關係障礙的功用。矛盾的是，「困境」遊戲特色之一，是參與者假意拒絕進行另一個遊戲。

　　1.懷特太太約先生看電影，懷特先生答應了。

2a. 在兩人對話的過程中，懷特太太看似「不經意」地隨口提到屋子需要重新粉刷。這項工程所費不貲，懷特先生最近才坦言家中財務狀況捉襟見肘；他要求她不要拿這類非日常開銷來為難他或惹惱他，至少等到隔月月初。也就是說，懷特太太提起屋況的時機點並不恰當，而懷特先生的回應則相當粗暴。

2b. 又或者：懷特先生話鋒一轉提起屋況，致使懷特太太無法抗拒誘惑，談到重新粉刷的必要性。正如上述情況，懷特先生的回應十分粗暴。

3. 懷特太太感到怒不可遏，並直言如果懷特先生心情不好，她也不想和他去看電影了，他最好自己去。他回答，如果她這麼認為，那他就自己去。

4. 懷特先生自行去看電影（或帶著兒子），將懷特太太留在家中，撫平受傷的情緒。

「困境」遊戲有兩種可能的鉤：

A. 就過往的經驗，懷特太太其實非常清楚，她沒必要太認真看待丈夫的不悅。懷特先生真正想要的，是妻子對他努力經營家計這件事表達讚賞之意；然後，兩人便能開心出門。可惜，懷特太太拒絕這麼玩，他因此感到相當失望。他帶著失望和憤怒出門，她則待在家，一副受傷的模樣，內心其實悄悄湧起一股勝利感受。

B. 就過往的經驗，懷特先生其實非常清楚，自己不必太在意她一時的賭氣。懷特太太真正想要的是好好地哄她；然後，

兩人便能開心出門。可惜，懷特先生拒絕這麼玩，同時心裡也清楚，他的拒絕並非真心：他知道她想被哄，卻假裝不知道。他出門，帶著愉悅和鬆了一口氣的心情，外表看起來卻一副飽受委屈的樣子。留下來的她，則備感失望、氣憤難耐。

從單純的觀點而論，在上述兩種情況中，贏家的立場可說是無可指責；無論他或她，不過是依對方字面上的意思行事。這在B的情況中更為明確，懷特先生順著懷特太太拒絕看電影的字面意義。他們心知肚明這是作弊，但既然她先說了，她也就陷入了困境，走投無路。

這個遊戲最顯著的好處是心理層面的外在好處。他們都認為，一起去看電影會刺激性需求，也或多或少期待從電影院回來後，兩人會上床。然而，無論其中哪一人想避免親密行為，就會出現2a或2b的行為舉止。這是「爭吵」遊戲（見第九章）裡，其中一種特別令人惱怒的變化形。「受委屈」的一方因為處於憤怒狀態，有了名正言順的理由拒絕做愛，而被逼到牆角的另一半則孤立無援。

反命題：懷特太太的反命題很簡單，她只要轉念，挽起先生的手臂，面帶微笑，和他一起出門看電影（從兒童自我狀態轉變為成人自我狀態）。懷特先生的反命題反而較難，因為是她主動提起的；不過，如果他回顧整個情況，可能會哄她一起看電影，而妻子或者做為一個繃著臉的孩子被安撫，或者，更好的情況是，以成人的方式來溝通。

Games People Play. The Basic Handbook of Transactional Analysis

人間遊戲

在另一種跟孩子有關的家庭遊戲中，可發現「困境」遊戲些許不同的形式，類似葛雷格里・貝特森（Gregory Bateson）和他的研究團隊所描述的「雙重束縛」（double bind）[1]。只要孩子陷入困境，他的所作所為都是錯的。根據貝特森學派的觀點，上述情況很有可能是思覺失調症的重要病因。由此，用現今學術語言分析，思覺失調症很可能是兒童回應「困境」的反命題。透過遊戲分析治療成人思覺失調症患者的經驗證實了上述假設——亦即，如果藉由分析家庭的「困境」遊戲證實思覺失調症患者的行為是因為曾經或持續為了對抗此種遊戲，只要適當理解這類病患，就能產生部分或全面的改善。

有一種日常形式的「困境」遊戲則是全家一起進行的，而且在處於父母自我狀態的父母的干涉下，很有可能影響年幼子女的性格發展。小男孩或小女孩被強烈要求要多幫忙做家事，一旦他真的幫忙了，父母卻糾出他犯了哪些錯——這就是家庭版本的「做或不做，你都死定了」（damned if you do and damned if you don't）。這種「雙重束縛」或者可稱之為進退維谷形式的「困境」遊戲。

有時候，「困境」遊戲也是兒童氣喘的病因。

小女孩：「媽咪，妳愛我嗎？」

媽媽：「什麼是愛？」

媽媽的回答讓孩子無所適從。她想要討論母親對自己的情感，母親卻將話題導向哲學，這是小女孩無力面對的範疇。她

開始呼吸急促，母親因此發怒，氣喘發作，母親道歉，「氣喘」（Asthma）遊戲開始了。「氣喘」類型的「困境」遊戲目前仍有待進一步的研究。

另外一種更講究的變形，也許可稱之為「羅素－懷海德*類型」（Russell-Whitehead Type）的「困境」遊戲，有時會出現在治療小組之中。

布萊克：「好吧，我們都不說話，沒人玩遊戲了。」

懷特：「沉默本身或許也是遊戲。」

瑞德：「今天還沒有任何人進行遊戲。」

懷特：「但是，『不玩遊戲』本身也許就是一種遊戲。」

心理治療的「困境」遊戲反命題也很講究，禁止邏輯上似是而非的議論。由於懷特被剝奪這種手法，其潛在的焦慮就會變得清晰。

一方面和「困境」遊戲相似，另一方面又和「襤褸」遊戲很像的，就屬婚姻遊戲的「午餐袋」（Lunch Bag）了。丈夫負擔得起在一家好餐館吃午餐的費用，即便如此，他每天早晨都會為自己準備三明治，裝進紙袋後帶去上班。他只用麵包皮、晚

---

* 譯注：羅素和懷海德於一九一〇、一九一二、一九一三年共同出版《數學原理》（*Principia Mathematica*）系列書目，共計三卷。其中最重要的原則相信，所有的數學原理在數理邏輯內的公理和推理規則下，都能獲得證明。雖然一九三一年時，學界發現羅素和懷海德的命題無法證明。然而，伯恩在此援引羅素和懷海德的意義在於，這種「困境」遊戲建立在邏輯推演之上，證明即使「沒有遊戲」或「不玩遊戲」也是一種遊戲。

餐剩菜以及妻子替他回收下來的紙袋。丈夫藉此取得家庭財務的完全掌控權，在他如此犧牲自我之下，妻子為何敢為自己買條貂皮披肩呢？除此之外，先生獲得的其他好處包括獨自享用午餐的權利，並利用午休時段趕完工作進度。從許多層面而言，這是個相當正面的遊戲，班傑明・富蘭克林（Benjamin Franklin）也會欣然同意，因為這個遊戲鼓勵節儉、辛勤工作和準時的美德。

▎2、法庭

命題：從敘述上來看，「法庭」遊戲隸屬的類型，可在法律中找到最華麗的表述，同時也涵蓋「義肢」（精神失常抗辯）和「債務人」（民事訴訟）等遊戲。但是，從臨床上來看，則常見於婚姻輔導和婚姻治療小組。確實，無止境的「法庭」遊戲存在於某些婚姻輔導以及婚姻治療小組中，而且在這個遊戲中，解決不了任何問題，因為遊戲沒有結束的一天。在這類案例中，顯然輔導員或治療師已然深陷遊戲中而不自知。

「法庭」遊戲沒有人數限制，但基本上是三人遊戲，角色包括原告、被告和法官，分別由丈夫、妻子和治療師擔綱演出。若是在治療小組、廣播節目或電視節目中進行這個遊戲，其他聽眾（觀眾）則扮演陪審團的角色。丈夫哀怨地開始陳述：「讓我告訴各位，某某（妻子的名字）昨天做了什麼好事。她居然

將……」諸如此類。妻子則提出異議:「這才是事情的真相……在此之前,他甚至……無論如何,當時我們都……」等。丈夫冠冕堂皇地補充道:「好的,我很高興在場的各位能夠藉這個機會聽到雙方的說法,我只希望公平處理。」就在此時,輔導員果斷介入,說:「我相信,只要我們考量到……」等。如果現場還有其他人,治療師可能會把問題丟給他們:「現在,不如我們來聽聽其他人的看法。」或者,成員已深諳這個流程,自行扮演起陪審團的角色,無須治療師的指示。

反命題:治療師對丈夫說:「你完全沒有錯!」萬一丈夫一副自滿或得意的鬆了一口氣的樣子,治療師則進一步問道:「我這麼說,你有什麼感覺?」丈夫回答:「很好。」於是,治療師說:「事實上,我認為你很不應該。」倘使丈夫夠誠實,就會回答:「我一直都知道。」反之,他會做出其他反應,清楚表達遊戲還沒結束,接著,有可能更進一步討論事件的核心。這個遊戲的本質在於原告是否公然要求勝利,即使他內心知道自己有錯。

在收集了足夠的臨床資料以明確分析情況後,可藉由一個反命題藝術中最細膩的策略來停止遊戲。治療師先立下規範,禁止團體參與者使用第三人稱。此後,所有成員只能直接和「你」交談,或者以「我」來談論自己,不能說「我來告訴你,他做了什麼」或「我來告訴你,她到底做了什麼」。到了這個階段,夫妻兩人在治療小組中完全停止遊戲,或者轉而進行

Games People Play. The Basic Handbook of Transactional Analysis

人間遊戲

「甜心」遊戲，藉此稍微改善兩人關係，也可能進行對雙方毫無建樹的「再者」遊戲（Furthermore）。之後的章節，會進一步描述「甜心」遊戲。至於「再者」遊戲，原告隨後提出一個又一個指控，而被告針對所有指控一律以「我可以解釋」來答辯。原告不想聽，而且一旦被告停止辯護，原告會以「再者」開頭，提出另一項強烈指控，引發下一輪的解釋——典型的「父母－兒童」交替發生。

由偏執狂被告所進行的再者遊戲最為激烈。由於他們非常在意字面上的意義，他們輕而易舉便能讓想以幽默或比喻方式表達想法的原告感到挫敗。一般而言，在「再者」遊戲，比喻是最應避免的陷阱。

至於日常生活形式的「法庭」遊戲，常見於孩童時期的兩個手足和父母之一之間的三人遊戲。「媽咪！她拿走了我的糖果！」「對啦，可是他也拿走我的娃娃！而且，他還打我，我們明明說好要一起吃糖果的！」

分析

命題：他們一定要說我是對的。

目標：獲得寬慰。

角色：原告、被告、法官（以及／或者陪審團）。

動力：手足競爭。

例子：（1）孩子吵架，父母介入。（2）已婚伴侶尋求「協助」。

社會典範：「成人－成人」。

「成人」：「這就是她對我做的好事。」

「成人」：「我說的才是真相。」

心理典範：「兒童－父母」。

「兒童」：「告訴我，我是對的。」

「父母」：「我說的才是對的。」或者：「你們都是對的。」

行動：（1）提出抱怨－提出辯護。（2）原告提出反駁、讓步或者善意回應。（3）法官判決或指示陪審團。（4）最終判決。

好處：（1）心理層面的內在好處——投射罪惡感。（2）心理層面的外在好處——免除罪惡感的藉口。（3）社會層面的內在好處——「甜心」遊戲、「再者」遊戲、「爭吵」遊戲和其他遊戲。（4）社會層面的外在好處——「法庭」遊戲。（5）生物需求的好處——得到法官和陪審團的安撫。（6）存在需求的好處——憂鬱心理地位（depressive position）：我永遠都是錯的。

3、性冷感的女人

命題：這幾乎專屬於「婚姻」遊戲，畢竟，地下情難以在充分的一定時間內，提供進行遊戲所需的機會和特權，或者說，地下情難以持續到足以進行遊戲地步。

丈夫向妻子求歡，遭到冷漠拒絕。幾次嘗試之後，他反而遭指責說，男人都是衣冠禽獸，他根本不是真的愛她，或愛真

實的她，他只對性有興趣。於是，他隱忍了一段時間，再次嘗試，卻依然遭到拒絕。最後，他決定放棄，再也不向妻子求歡。幾個星期或幾個月過去，妻子變得愈來愈邋遢，有時甚至顯得漫不經心；她半裸地在臥室裡走動，或者洗澡時忘記帶乾淨毛巾進浴室，得要他幫她拿。一旦她要進行激烈的遊戲，或飲酒過量，她很有可能會在派對上對其他男人調情。一段時間過後，他終於對這些挑釁的行為做出回應，再度向她求歡。他又一次遭到拒絕，「爭吵」遊戲隨之而來，舉凡兩人近來的行為、其他伴侶、他們的姻親、財務狀況以及種種失敗等話題都被捲了進來，最後，砰地一聲甩門而出，結束一切。

這次，丈夫狠下心，他真的受夠了，也相信彼此能協調出無性的婚姻生活。數個月過去，他忽視衣著不整的妻子在他面前走動，以及忘記拿毛巾的操弄行為。妻子變本加厲地撩撥，不但衣著愈來愈隨意，也愈來愈漫不經心，但他心意已決。一天晚上，她主動接近，並親吻他。一開始，他並未有所回應，牢記自己的決心。只是沒一會兒工夫，在長久的飢渴後，他順從本能，這一刻，他覺得自己終於成功了。他一開始態度有所保留，未敢太積極，妻子竟沒有拒絕。於是他愈來愈大膽。就在關鍵時刻，妻子不期然退縮，並哭喊著：「看吧，我早就說過了！男人都是禽獸，我想要的是感情，但你們只對性感興趣！」到了這個階段，緊接而來的「爭吵」遊戲不再是為了最一開始的近日行為、姻親問題等，而是直搗財務問題。

　　必須強調的是，儘管他如此宣稱，但丈夫其實和妻子一樣害怕性親密，甚至因此慎選伴侶，好讓導致他失常的能力過度負擔的風險降到最低，由此他也能將問題怪罪於妻子。

　　「性冷感的女人」的日常形式出現在不同年齡的未婚女子身上，很快地，她們便因此而贏得常見的粗俗稱謂。隨後，是「性冷感的女人」融合了憤慨的遊戲，或「挑逗」遊戲。

　　反命題：「性冷感的女人」是非常危險的遊戲，就連潛在的反命題也同樣危險。交個情婦是場賭注。面對如此刺激的競爭，妻子可能會放棄遊戲，選擇回歸正常的婚姻生活，但或許為時已晚。另一方面，她可能會利用丈夫外遇，在律師的協助下，以進行「我逮到你了，你這個混蛋」來攻擊丈夫。如果丈夫尋求心理治療，妻子則否，其結果同樣難以預期。一旦丈夫愈來愈堅強，決定用較為健康的心態調適時，妻子的遊戲可能就會瓦解；然而，倘若她是個頑固的玩家，丈夫的改善或許會導致離婚。可行的話，最好的解決方法是讓雙方參與婚姻溝通團體，任由遊戲潛在的好處和基本的性親密病狀攤在陽光下。在這項措施下，雙方或許有興趣參加更進一步的個人心理治療，或許在心理治療的層面中，重新修復婚姻關係。若非如此，至少其中一方將更能意識到，如何重新調適婚姻，而非以原本的態度面對。

　　對日常形式的「性冷感的女人」而言，較合宜的反命題是尋找另一個社交伴侶。部分相對精明或粗暴的反命題則有腐化

Games People Play. The Basic Handbook of Transactional Analysis

人間遊戲

人心，甚至犯罪之虞。

　　相關遊戲：與之對立的遊戲「性冷感的男人」則較為少見，但是遊戲的整體發展進程相近，只是細節上有些許差異。其結果取決於參與者的腳本。

　　「性冷感的女人」的關鍵在於最後的階段「爭吵」，只要順勢發展，性親密便會被摒除於問題之外，因為雙方會從「爭吵」中獲得一種偏執的滿足感，不再需要自對方身上尋求性興奮。因此，「性冷感的女人」反命題最重要的環節便是拒絕「爭吵」。如此一來，妻子就會陷入性不滿，且可能太過，以致她變得更為順從。「性冷感的女人」使用「爭吵」的方式，有別於「爹地打我」（Beat Me Daddy），因為「爹地打我」將「爭吵」視為前戲；而在「性冷感的女人」中，「爭吵」取代了性行為本身。因此，在「爹地打我」中，「爭吵」是以性行為前提，提高性興奮的盲目手段，反觀在「性冷感的女人」中，「爭吵」發生的當下，事件隨之告終。

　　早期有個「性冷感的女人」的類似人物出現在狄更斯（Dickens）作品《孤星血淚》（*Great Expectation*）裡，由一個拘謹的小女孩所詮釋。她穿著硬挺古板的衣物登場，並要求一個小男孩替她捏泥球。隨後，她竟嘲笑起他骯髒的雙手和衣物，並告訴他自己有多乾淨。

分析

命題：我逮到你了，你這個混蛋。

目標：辯白。

角色：順服的妻子，不體貼的丈夫。

動力：陽具羨妒（penis envy）。

例子：（1）謝謝你替我捏泥球，你這個骯髒的小男孩。（2）挑釁的、性冷感的妻子。

社會典範：「父母－兒童」。

　「父母」：「我允許你替我捏泥球。」（親我）

　「兒童」：「我很樂意。」

　「父母」：「看看你多髒。」

心理典範：「兒童－父母」。

　「兒童」：「看你有沒有辦法引誘我。」

　「父母」：「如果你阻止我，我就會停止。」

　「兒童」：「看吧，是你先開始這一切。」

行動：（1）誘惑—回應。（2）拒絕—放棄。（3）挑釁—回應。（4）拒絕—爭吵。

好處：（1）心理層面的內在好處——從性虐待幻想的罪惡感中解放。（2）心理層面的外在好處——避免公然裸露和身體遭到侵入的恐懼。（3）社會層面的內在好處——「爭吵」遊戲。（4）社會層面的外在好處——你該怎麼面對骯髒的小男孩（丈

夫）？（5）生物需求的好處——抑制性遊戲和雙方交戰。（6）存在需求的好處——我很純潔。

▍4、折磨

命題：這項遊戲由身心俱疲的家庭主婦進行。環境要求她精通十至十二種不同的日常事務；或者，用另一種方式來說，她順從地扮演起十至十二種角色。偶爾，報紙的週日副刊半開玩笑地呈現這些職務或角色：情婦、母親、護士、女傭等。由於這些角色經常彼此衝突且令人疲憊，經年累月之後，她們身上的重擔已然成為一種象徵，也就是「家庭主婦的膝蓋」（因為膝蓋功能包括擺動、擦洗、抬物、駕駛等種種活動），而她們的症狀大可簡單地濃縮為一句怨言：「我好累。」

此時，如果家庭主婦能夠調整生活步調，同時因為愛丈夫和子女而獲得滿足，她不只願意付出，更能享受二十五年的辛勞，且在目送最小的孩子離家就讀外地大學後，感受孤獨的痛楚。但是，倘若她受到內在「父母」的驅動，又遭到吹毛求疵的丈夫批評（這不外乎就是她選擇和他結婚的目的），無法從愛家人中獲得足夠的滿足，她就會愈來愈不快樂。一開始，她可能藉由「要不是為了你」和「吹毛求疵」的好處安慰自己（事實上，情況一旦變得惡劣，多數家庭主婦可能會依賴這兩個遊戲）。不久，這兩個遊戲無法支撐她，她必須另尋出路，也就

是「折磨」遊戲。

這個遊戲的命題非常單純。她承擔所有事情，甚至主動要求更多。她接受丈夫的批評，接納孩子的一切要求。假使她晚上必須設宴招待客人，她不只認為自己務必竭盡所能地引導談話、像個女主人般安頓好一家子以及傭人、室內裝修師、籌備人員、迷人的女子、守貞的皇后和外交人員；當天早上她還會自願烤蛋糕，帶孩子們去看牙醫。一旦她感到疲憊不堪，她會索性讓這一天更加忙碌。到了下午，她終於可以名正言順地崩潰，而且什麼也做不了。她讓丈夫、孩子和客人失望，自責更是徒增她的不幸。同樣的狀況出現兩三次之後，她的婚姻岌岌可危，孩子們感到無所適從，她體重下降，頭髮凌亂，臉色憔悴，鞋子也磨壞了。然後，她出現在精神科醫生的辦公室，準備住院治療。

反命題：理論上來說，它的反命題非常簡單：懷特太太可以在一個星期內，一個接一個扮演起不同角色，但她必須拒絕同時扮演兩個或以上的角色。舉例來說，舉行雞尾酒派對時，她可以是晚宴籌備者或保母，但不能兼顧。若她只是苦於家庭主婦的膝蓋，或許可藉由這個方式自我約束。

然而，萬一她正在進行「折磨」遊戲，便很難堅守這個原則。在這種情況下，丈夫便是她的一時之選；在其他情況下，他都是非常明理的人，但他批評妻子照顧家務的效率，一旦他認定妻子不若他的母親，便會指責她。事實上，她是和他對母

親的幻想結婚，猶如他「父母」中永恆存在的母親，就像她對自己的母親或祖母的幻想。一找到合適的伴侶，她的「兒童」便能適應維持心理平衡所必需的疲憊角色，她也不會輕易放棄。丈夫提出愈多職責要求，兩人便更容易地找到「成人」的理由，以維持婚姻關係的不健康要素。

　　一旦形勢變得站不住腳，這種情形大多發生在校方為感到痛苦的子女介入之際，此時精神科醫生會被請來，並將「折磨」變成三人遊戲。要麼丈夫要求精神科醫生徹底檢視妻子的行為，要麼妻子希望和他聯合對抗丈夫。隨後的發展取決於精神科醫生的技巧和警覺性。一般而言，在第一階段，亦即在緩和妻子的抑鬱這部分，都會相當順利。第二階段則是具決定性的階段，她會放棄「折磨」遊戲，轉而玩起「心理治療」遊戲。第二階段很容易激起配偶雙方對彼此更加不滿。有時，雙方看似將不滿隱藏得很好，卻又會突然爆發，然而，這也不是始料未及的事。只要能夠安然度過這個階段，遊戲分析的工作就能順利進行。

　　我們必須明白，真正的肇事原因是妻子的父母自我狀態、她心中的母親或祖母；某種程度上而言，丈夫不過是被選中的傀儡人物，負責扮演他在這個遊戲裡的角色。治療師要面對的，不只是妻子的父母自我狀態以及投入甚多的丈夫，還有鼓勵妻子順從的社會環境。報紙副刊登出家庭主婦的眾多角色之後，過了一個星期，週日副刊出現了一篇題為〈我表現得如何〉

（How'm I doing）的新文章：其中列出十個測驗項目，以做為評定「妳是不是個稱職的女主人（或妻子、或母親、或主婦、或家庭收支管理者）？」的依據。對於玩「折磨」遊戲的家庭主婦來說，這無異於兒童玩具附贈的手冊，內容詳載遊戲規則，也有可能加速「折磨」遊戲的進展，如果不多加留意，就會以「州立醫院」遊戲（「我不想被送到醫院」）告終。

面對這類伴侶所遇到的其中一個實務困難是，丈夫會避免個人涉入朝「看我多麼努力」遊戲而進行的治療，因為他的混亂狀態，遠遠超過他願意承認的程度。反之，他會以一時的情緒爆發間接向治療師傳遞訊息，因為他很清楚，妻子會一五一地向醫生報告。因此，「折磨」遊戲很容易轉變為第三度的「生－死－離婚」掙扎。精神科醫生獨自站在「生」的一方，僅妻子飽受折磨的成人自我狀態願意協助他，她的「成人」身陷一場致命搏鬥，對抗丈夫的三種自我狀態以及其自身的父母、兒童自我狀態。這是一場激烈的二對五戰鬥，考驗著多數專業和非專業的治療師。一旦治療師想退場，他會提出簡單的解決方法，請案主訴諸離婚法院，只是這個建議等同於明說：「我投降──妳和他繼續戰吧。」

5、要不是為了你

命題：在第五章中，已詳細分析過這個心理遊戲。這是歷

史上第二個被揭露的心理遊戲，僅次於「你為什麼不—是的，可是」，只是當時，也僅被視為一種有趣的現象。隨著「要不是為了你」的出現，我們才清楚理解到，勢必有一套完整的社會行動領域奠基在曖昧交流上，因而引發更積極的研究活動，人際溝通理論便是其中一種結果。

簡言之，「要不是為了你」是一個女人嫁給了一個專橫的男人，好讓他限制她的活動，從而避免她落入使她恐懼的境地。這種簡單模式運作順利的話，只要丈夫為此目的而有所表現，她或許會表達感激。然而，在「要不是為了你」中，她的反應卻恰恰相反：她利用所處情況來抱怨丈夫對她的限制，使他感到不安，並提供她各種好處。這個遊戲本身屬於社會層面的內在好處，而遊戲形塑出的社會層面的外在好處則是衍生的消遣活動「要不是為了他」，亦即妻子和其他意氣相投的女性朋友一起抱怨丈夫。

▍6、看我多麼努力

命題：在常見的臨床形式中，這是三人遊戲，參與者為已婚的伴侶和精神科醫生。（通常）是丈夫堅決離婚，儘管表面上他強力反對，另一半則是真心希望兩人的婚姻能夠繼續下去。他心有不甘地求助治療師，至多只談論他如何配合妻子；通常，他所進行的，是輕度的「心理治療」或「法庭」遊戲。

隨時間過去，他對治療師的態度逐漸轉為憎恨的偽裝順從，或者充滿敵意的爭辯。在家中，他起初也表現得更加「理解」妻子並克制自己的行為，卻在最後變本加厲。經過一次、五次或十次諮商會談之後，次數取決於治療師的專業程度，丈夫不願再來，他寧願去打獵或釣魚。於是，妻子被迫申請離婚。如今，丈夫無可指責，畢竟他的妻子主動說要離婚，而他先前也展現他的誠意接受治療師的協助。他現在站在對自己有利的立場，大可向任何律師、法官、朋友或親戚說：「看我多麼努力！」

反命題：這對夫婦被視為一體。如果其中一人——假設是丈夫——顯然正在進行「看我多麼努力」，並讓另一人接受個人心理治療，便順了他的意，明確證明他比較不想接受心理治療。他還是可以離婚，代價則是放棄自己努力經營的心理地位。有必要的話，妻子可以主動提出離婚，然而她的心理地位大為堅定，因為她確實曾努力嘗試挽回。而最好，也是最令人期待的結果，則是丈夫的遊戲被迫結束後，他感到絕望，進而有了真正的動力，尋求心理治療協助。

在「看我多麼努力」的日常形式中，我們可以從兒童和父母之一所進行的兩人遊戲中輕易觀察到。該遊戲的進行，其心理地位源於「我很無助」或「我沒有錯」。孩子嘗試過了，卻搞砸了，或者不盡人意。如果孩子「無助」，父親或母親必須替他完成任務。如果他「沒有錯」，父母也沒有任何理由懲罰他。這個現象揭露出該心理遊戲的基本要素。父母必須找出以

下兩個問題的答案：是誰讓孩子學會這個遊戲，以及他們的哪些行為使得遊戲變得根深柢固。

另一種有趣、有時也可說是惡意的變化形則是「看看我過去多努力」（Look How Hard I Was Trying），這個遊戲一旦進行到第二度或第三度，通常會變得愈發激烈。一個罹患胃潰瘍卻努力工作的男人足以說明此例。許多人承受生理慢性疾患的痛苦，依然竭盡所能適應環境，他們可能藉此心安理得地要求家人協助。然而，個案也可能利用這種情況，滿足曖昧交流的目標。

第一度：男人告訴妻子和朋友，他罹患胃潰瘍，同時也讓他們知道，他會繼續工作，此舉獲得他們的欽佩。或許，飽嚐痛苦和不適的人，確實有資格獲得一定程度的虛榮，猶如他承受病痛的微薄補償。他理應得到充分的讚揚，因為他沒有藉此進行「義肢」遊戲，也應得一些獎勵，因為他繼續承擔人生的責任。這種情況下，針對「看我多麼努力」不失禮的回應是「沒錯，我們所有人都欽佩你堅毅且盡責的態度。」

第二度：男人得知罹患胃潰瘍，決定向妻子和朋友保密。他一如往常工作，卻也相對擔憂。有一天，他在工作時倒下了。妻子一接獲通知，當下得到的訊息是：「看我多麼努力。」事已至此，她理應以前所未有的態度欣賞他，並為自己先前惡劣的言行舉止感到抱歉。簡言之，她必須愛他，畢竟過去向她求歡的方式都徒勞無功。可悲的丈夫，因為她此時所表現的情感

和關心，多是源於罪惡感的驅使，而不是出自於愛。她打從心底可能只是怨恨罷了，因為他利用不對等的方式反對她，還藉隱瞞病情占她便宜。換句話說，相較於穿孔的胃部，鑲鑽的手環才是更正當的求愛方式。她可以選擇把首飾扔還給他，卻無法大方地拋下胃潰瘍。面對突如其來的嚴重疾病，於她更像是自己陷入圈套，而非贏得她的心。

多數時候，病患在首次得知自己可能罹患慢性疾患的當下，便已察覺到這個遊戲。一旦他決定進行遊戲，此時，所有計畫很可能在他腦中猶如靈光一現，也可在詳細的心理評估時重現。而他在得知自己握有一項武器時，那暗自慶幸的兒童自我狀態會再次浮現，成人自我狀態擔憂疾病的現實問題不過是一種掩飾。

第三度：甚至更為狡獪且惡意的，則是因嚴重疾病而不期然地自殺身亡。胃潰瘍惡化成癌症，一日，從未被告知有什麼不對勁的妻子走進浴室，竟發現丈夫的屍體。遺書清楚地寫著：「看我多麼努力。」倘若同一個女性經歷上述事件兩次，她應該試圖找出自己一直以來，到底進行著什麼遊戲。

分析

命題：我不會任人擺布。

目標：辯白。

角色：固執的人、迫害者、掌權者。

動力：肛門順從（Anal passivity）。

例子：（1）兒童衣著打扮。（2）配偶堅持離婚。

社會典範：「成人－成人」。

「成人」：「是時候（穿好衣服）（去看精神科醫生）。」

「成人」：「好吧，我試試看。」

心理典範：「父母－兒童」。

「父母」：「我會讓你（穿好衣服）（去看精神科醫生）。」

「兒童」：「看吧，根本沒用。」

行動：（1）建議－抵抗。（2）壓力－順從。（3）同意－失敗。

好處：（1）心理層面的內在好處──自敵對的罪惡感中解放。（2）心理層面的外在好處──逃避家庭責任。（3）社會層面的內在好處──看我多麼努力。（4）社會層面的外在好處──看我多麼努力。（5）生物需求的好處──雙方交戰。（6）存在需求的好處──我很無助（我沒有錯）。

▌7、甜心

命題：在婚姻治療小組的早期階段，便可發現這個遊戲已發展至最成熟階段的蛛絲馬跡，尤其是參與者有了防衛心之後；除此之外，它也出現在社交場合。懷特以看似分享趣聞，實則略帶貶抑的方式評論懷特太太，並在結尾時說：「我說的沒錯吧，甜心？」懷特太太基於兩個表面上的「成人」理由而

傾向同意：首先，由於懷特先生述說的往事確實發生過，且內容多半為真，因此，若懷特太太無法苟同懷特先生提到的枝微末節（但枝微末節才是這次交流的重點），則會顯得自己吹毛求疵；再者，懷特先生在公開場合稱她「甜心」，倘若反駁他，似乎非常無禮。然而，懷特太太之所以認同的心理因素，正是她的憂鬱心理地位。她和懷特先生結婚的真正原因，就是因為她知道懷特先生會為她完成以下任務：揭露她的不足，從而使她免於因為自我揭露所面臨的困窘。在她還小的時候，她的父母便是以同樣的方式護著她。

「甜心」遊戲是婚姻治療小組中最常見的遊戲，其次是「法庭」遊戲。場面氣氛愈緊繃，遊戲愈有可能被揭發，「甜心」二字的語氣就會愈挖苦，直到隱含的忿懣浮出水面。更進一步思考的話，會發現「甜心」遊戲是「幫倒忙」的相關遊戲，因為該遊戲的重要行動是，懷特太太含蓄地原諒懷特先生的怒氣，她盡力表現出她沒有意識到他的怒氣。因此，「甜心」遊戲的反命題和「幫倒忙」遊戲的反命題相似：「你大可意有所指地談論我的過去，但請不要叫我『甜心』。」只是，這種反命題所帶來的風險和「幫倒忙」遊戲一樣。而更深思熟慮且相對安全的反命題則是回答：「沒錯，親愛的。」

除了同意之外，妻子的另一種回應方式，是說出和丈夫有關的「甜心」往事，實際上則是要表達，「親愛的，你的臉也很髒。」

　　有時候，玩家並沒有明顯說出什麼充滿愛意的言語，但細心的聆聽者仍可聽出弦外之音，即便他們根本沒有開口。這就是沉默版本的「甜心」遊戲。

參考資料

1　Bateson, G., et al. "Toward a Theory of Schizophrenia." *Behavioral Science.* 1: 251-264, 1956.

8 派對遊戲

Party Games

派對為了消遣，消遣也是為了派對（包括團體聚會正式開始前的這段時間），隨了解加深，遊戲開始出現。「幫倒忙」遊戲玩家和其受害者發現彼此，「大人物」（Big Daddy）和「我無足輕重」（Little Old Me）遊戲玩家出現，相似而隱匿的社會遴選過程也於焉展開。在這段過程中，將討論到日常社交場合裡所進行的四種典型的心理遊戲：「難道你不覺得很糟嗎」、「吹毛求疵」、「幫倒忙」，以及「你為什麼不—是的，可是」。

▎1、難道你不覺得很糟嗎

命題：這個遊戲有四種顯著的形式：父母自我狀態的消遣、成人自我狀態的消遣、兒童自我狀態的消遣和遊戲。在這些消遣形式中，不會有任何結論或結局，玩家只會深感不值得。

1.「世風日下」（Nowadays）是一種自以為是、苛刻甚至懷有惡意的父母自我狀態消遣。從社會學的角度來看，「世風日下」常見於擁有獨立微薄收入的特定中年女性。她退出治療小

組，因為由她開場的行動只會得到沉默回應，而不是她在自己的社交圈裡習以為常的熱烈迴響。在這個發展相對成熟、習於遊戲分析的團體裡，明顯缺乏團結感，尤其當懷特女士強調：「說到信任，現在世風日下，也難怪我們不能相信任何人。有一天，我查看房客的桌子，你們一定不相信我找到什麼。」她熟知多數成員所面對的問題的答案：青少年犯罪（現今的父母太軟弱）、離婚（現今的妻子無事可做）、犯罪（現今的白人社區有外國人搬進來），以及物價上漲（現今的商人太貪婪）。懷特女士清楚地表明，如果她的小孩犯罪，她絕不寬待，對待房客亦是如此。

「世風日下」之所以有別於無聊的八卦，是基於其口號「難怪」。兩者開場的行動可能相同（「聽說佛羅西·繆嘉崔德……」），但「世風日下」有明確的方向和結論，甚至還會提供「解釋」，反觀無聊的八卦，不過是隨意漫談，要不然就是不了了之。

2.「破皮」（Broken Skin）是相對厚道的「成人」變化形，口號是「太遺憾了！」雖然其背後動機同樣有著惡意。「破皮」主要應對的事件是流血，本質上是一種非正式的臨床討論。任何有意提供「破皮」事件的人，其內容愈是驚恐，效果就愈好，人們也會更熱切地想知道細節。臉部遭到重擊、腹部手術以及難產，都是「破皮」能夠接受的主題。於此，「破皮」和無聊的八卦之間的差別在於和病魔對抗以及手術的複雜程度。舉凡

病理解剖、診斷、預後和病情比較等，皆有系統的隨之討論。完善的預後話題在無聊的八卦中是被認可的，但在「破皮」中，除非是出於虛情假意，否則持續展現充滿希望的願景，可能會造成團體中某些人召開祕密的「會員資格委員會」，因為這個玩家「非共犯」。

3.「同事閒扯」（Water Cooler）或「休息時間」（Coffee Break）則是兒童自我狀態的消遣，口號為「看看他們正在對我們做什麼」（Look what they're doing to us now）。是很有組織的變化形。玩家可能會在天黑下班後，以較溫和的政治或經濟形式進行，並稱之為「高腳椅」。這個三人的消遣，話題的關鍵是常見的模稜兩可人物，稱為「他們」。

4. 以遊戲而言，「難道你不覺得很糟嗎」最激烈的表現方式為多次手術上癮，而他們的交流方式便闡明了該遊戲的特質，如看醫生就像在逛大街，即使在醫生的強力反對下，他們無論如何都想要手術。包括住院治療和接受手術等，這些經驗本身創造出其獨有的好處。心理層面的內在好處來自身體的殘缺；心理層面的外在好處在於免除了所有親密行為和責任，唯完全臣服於外科醫生。典型的生物需求的好處為接受護理照護。社會層面的內在好處來自醫護人員以及其他患者。出院後，則藉由激起他人的同情和小心翼翼地對待而獲得社會層面的外在好處。心懷不軌或執意製造事端的人以及不當醫療主張者，則會熟練地玩起這個遊戲的極端形式，他們可能蓄意或只

是臨時起意，藉由讓身體蒙受傷害來賺取生活費用。隨後，一如業餘玩家所要求的，他們要求同情，還更進一步要求索賠。當玩家刻意表現自己的不幸時，「難道你不覺得很糟嗎」就會變成一種遊戲，而他也暗自樂見並期待從自身的不幸榨取而來的滿足感。

一般而言，遭逢不幸的人可分為三種類型。

1. 因為疏忽而遭逢不幸，他們自己也不想這樣。他們可能會，或者不會利用從天而降的同情。有些利用方式非常自然，並因此獲得善意的對待。

2. 因為疏忽而遭逢不幸，卻對於能夠利用此次機會而心存感激。在這種情況下，「難道你不覺得很糟嗎」為事情發生之後才想到要進行的遊戲，就像佛洛伊德所說的「次發收穫」（secondary gain）。

3. 主動尋求痛苦的人，例如手術上癮者，他們尋找一個又一個外科醫生，直到有人願意為他進行手術。此時，遊戲才是主要動機。

2、吹毛求疵

命題：這個遊戲是日常生活中，絕大多數瑣碎爭執的根源；之所以進行這個遊戲，來自於兒童自我狀態的壓抑立場「我不乖」（I am no good），進而演變為父母自我狀態的防衛立場

「他們不好」（They are no good）。於是，玩家要解答的人際溝通問題便是證明第二個論點。也因此，「吹毛求疵」的玩家對於新朋友會感到不自在，除非他們發現對方的缺點。在「吹毛求疵」最激烈的形式中，會變成一種集權主義的政治遊戲，由具有「權威」性格的人主導，並在歷史上造成嚴重的負面效應。在這方面，「吹毛求疵」和「世風日下」之間的關係非常明顯。在郊區的人際社會中，藉由「我表現得如何？」遊戲獲得正面寬慰，而「吹毛求疵」遊戲則做為負面慰藉。針對「吹毛求疵」遊戲的部分分析，能更清楚解釋這個遊戲的某些元素。

　　「吹毛求疵」遊戲的前提範圍廣泛，從最瑣碎且無關緊要的「去年的帽子」到最憤世妒俗的「銀行戶頭居然不到七千元」、最惡毒的「非純正亞利安人血統」、最深奧的「沒有讀過詩人里克爾」、最親密的「勃起不持久」或者思緒最複雜的「他想證明什麼？」。從心理動力而言，這個遊戲通常奠基於性不安，目標為尋求慰藉。在人際關係的角度，其中帶有窺探、病態好奇心或警戒，偶爾則以父母或成人自我狀態的關懷，掩飾兒童自我狀態的特殊偏好。心理層面的內在好處是防止抑鬱，心理層面的外在好處則是避免可能暴露懷特個人吹毛求疵的親密行為。懷特因此覺得，拒絕一個不夠時尚的女人、一個財務能力不足的男人、一個並非純正亞利安血統的男人、一個知識淺薄的人、一個性無能或沒有安全感的人，都是相當合理的。同時，窺探他人創造某些內在社會行動，帶來生物需求的

好處。社會層面的外在好處則是「難道你不覺得很糟嗎」的家庭－鄰里版本。

　　另一個有趣的側面觀察是，懷特選擇遊戲的前提條件和他本身的知識能力或表面上的修養都沒有關係。因此，如果某個擔任國家外交之責的人向聽眾表示，另一個國家的地位較低，除了其他原因外，也因為該國男性穿著袖子過長的外套。在成人自我狀態中，他可說是相當稱職，也唯有在進行父母自我狀態的遊戲，如「吹毛求疵」時，他才會有此不合時宜的評論。

▎3、幫倒忙

　　命題：幫倒忙（schlemiel）這個詞指的並非沙米索（Chamisso）小說[1]裡，那個沒有影子的主角，而是個普遍的意第緒語（Yiddish）詞彙，和德語、荷蘭語中「奸詐狡猾」一詞的意思相似。「幫倒忙」遊戲的受害者有點像小說家保羅・德・科克（Paul de Kock）[2]《心地善良的好伙伴》（*A Good-Natured Fellow*）一書中所形容，在口語中則稱之為「倒楣鬼」（Schlemazl）。在典型的「幫倒忙」遊戲中，其行動如下：

　　1W（W代表懷特）：懷特不慎將威士忌蘇打噴濺到女主人的晚禮服。

　　1B（B代表布萊克）：布萊克（派對主人）一開始非常生氣，但是，他立刻察覺到（通常只是略微察覺到），一旦自己表現

出怒意，等同於懷特贏了。於是，布萊克調整情緒，好讓自己有了獲勝的錯覺。

2W：懷特說：「我很抱歉。」

2B：布萊克低聲抱怨或者高聲表達諒解，藉此鞏固自己獲勝的錯覺。

3W：懷特接著繼續破壞布萊克的物品。他打破東西、潑灑飲料，極盡各種破壞之能事。香菸燒壞桌布、桌腳拌住蕾絲窗簾以及地墊沾滿肉汁之後，懷特的兒童自我狀態不住興奮了起來，因為他充分享受到獨立完成這所有程序的樂趣，也因為這所有行為都獲得原諒，尤其是布萊克展現了令人心滿意足的痛苦自制。雙方都在這個不幸的狀況中獲得好處，布萊克甚至不急於和懷特絕交。

正如大多數的遊戲，由於是懷特先採取行動，無論如何都會贏。如果布萊克流露怒氣，懷特便能名正言順地回應憤恨。倘若布萊克克制情緒，懷特就可以繼續享受恣意破壞的機會。然而，這個遊戲真正的結局，並非造成破壞的樂趣，那不過是懷特的附加樂趣，而是能夠獲得原諒的事實*，並且直接引導至本遊戲的反命題。

反命題：反「幫倒忙」的進行，在於不要表達對方所需求

---

* 這個遊戲和與下一個遊戲（「你為什麼不—是的，可是」中）的例子，和前面的例子一樣，都來自筆者先前在《心理治療的人際溝通分析》一書曾提及的例子。

的原諒。當懷特一說出「對不起」，布萊克不會低語說「沒關係」，而是說：「今天晚上，你大可讓我的妻子難堪、破壞家具、毀壞地墊，但絕對不要說『對不起』。」於是，布萊克的角色從原諒過錯的父母自我狀態轉變為客觀的成人自我狀態，為一開始便邀請懷特參加派對的事，自行承擔所有責任。

懷特的反應透露出遊戲的強度，有可能會相當激烈。任何進行反「幫倒忙」的人，都是在承擔即刻報復或樹立敵人的風險。

在年幼的兒童所進行的失敗的「幫倒忙」遊戲中，他們向來不確定自己是否獲得原諒，但至少享受了搗亂的樂趣；隨著他們學會社交禮節，他們也會善用日漸增長的智識來獲得原諒，原諒才是這個遊戲在行為得體的成年社交圈中，最主要的目標。

分析

命題：我可以搗蛋並獲得原諒。

目標：赦免。

角色：挑釁者和受害者（口語上來說，幫倒忙和倒楣鬼）。

動力：肛門侵犯。

例子：（1）棘手的頑皮孩童。（2）幫倒忙的客人。

社會典範：「成人－成人」。

「成人」：「既然我很有禮貌，你也必須有禮貌。」

「成人」：「沒問題，我原諒你。」

心理典範：「兒童－父母」。

「兒童」：「你必須原諒看似意外的事件。」

「父母」：「你說得對，我必須為你示範何謂良好的行為。」

行動：（1）挑釁—憤怒。（2）道歉—原諒。

好處：（1）心理層面的內在好處——搗亂的樂趣。（2）心理層面的外在好處——避免懲罰。（3）社會層面的內在好處——「幫倒忙」。（4）社會層面的外在好處——「幫倒忙」。（5）生物需求的好處——挑釁以及溫和安撫。（6）存在需求的好處——我又沒有犯錯。

▍4、你為什麼不—是的，可是

命題：「你為什麼不—是的，可是」在遊戲分析中占有獨特地位，因為這是促使遊戲概念有所進展的最初動力，也是第一個獨立於社會脈絡並進一步研究的遊戲。由於這是最早期的遊戲分析主題，因此也是最容易理解的遊戲之一。在派對和各種團體遊戲中，包括心理治療團體等，最常進行這個遊戲。以下例子便足以說明這個遊戲的主要特質：

懷特：「我的丈夫總是堅持自己動手修繕，卻沒一件做到位。」

布萊克：「他怎麼不去上木工課？」

懷特：「我也知道，但他沒時間。」

布魯（Blue）：「妳不如買些好一點的工具給他？」

懷特：「我想過，但他根本不知道怎麼使用。」

瑞德（Red）：「為什麼不找專業木匠？」

懷特：「我也想啊，但是太貴了。」

布朗：「妳為什麼不相信他可以自己修？」

懷特：「嗯，但可能會修壞。」

　　緊接在這類對話之後的，通常會是一陣沉默，最後由格林（Green）打破沉默，約莫會說出「這就是典型的男人，一直求表現」之類的來結束這場對話。

　　「你為什麼不—是的，可是」沒有玩家人數限制。由遊戲的行動者提出一個問題，其他人開始討論解決方法，所有人的開場語都是「你為什麼不……」而懷特以「是的，可是……」反駁所有意見。一個優秀的玩家能夠不斷地閃躲其他人的意見，直到所有人全都放棄，於是，懷特贏了。在多數情況下，懷特可能要處理十幾個以上的問題，才能營造無言的沮喪氣氛，由此預示自己的勝利，同時預留戰場給下一個遵循上述範例的遊戲，例如格林將討論主題轉向「家長教師聯誼會」遊戲的「失職丈夫」版本。

　　由於眾人提出的答案皆被否決，僅極少數例外，因此，這個遊戲的目標顯然是為了追求曖昧的交流。之所以進行「你為什麼不—是的，可是」不是為了表面上的目的（成人自我狀態

尋求解答或資訊），而是為了撫慰和滿足兒童自我狀態。就單純的溝通內容聽起來或許符合成人自我狀態，但觀察一連串的對話會發現，懷特藉由無力處理問題的兒童自我狀態來表現自己；而其他人則化身為睿智的父母自我狀態，急於分享自己的智慧以幫助懷特。

上述對話可透過圖表八詳細說明。這個遊戲之所以得以進行，是因為在社會層面中，溝通的刺激和回應為「成人－成人」，然在心理層面中，兩者仍為互補，「父母－兒童」的刺激（你為什麼不……）引發出「兒童－父母」的回應（是的，可是……）。雙方通常無法明確意識到心理層面的溝通，但是敏銳的觀察者能夠從姿態的改變、肌肉緊繃、聲音和詞彙的改

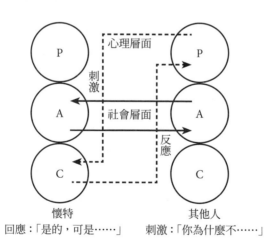

圖表八：你為什麼不—是的，可是

變中，察覺玩家的自我狀態改變（懷特從成人自我狀態轉換成「能力不足」的兒童自我狀態，其他人則從成人自我狀態轉換成「睿智的」父母自我狀態）。

為了闡明其言外之意，仔細思考上述例子非常有幫助。

治療師：「當下有人提出妳不曾想到的建議嗎？」

懷特：「沒有。事實上，她們提的那些建議，我幾乎都試過了。我買了些工具給丈夫，他也去上了木工課。」

懷特在這段對話中證明了兩個理由，讓我們不要信以為真。首先，在大多數的情況下，懷特和聚會中的其他人一樣聰明，其他人不太可能提出她從未想過的解決方案。倘若某個人碰巧提出原創的建議，而懷特也謹守公平的原則進行遊戲的話，她會充滿感激地接納；換言之，只要有人提出極具巧思的想法並刺激懷特的成人自我狀態，她「能力不足」的兒童自我狀態自會讓步。可惜，這類遊戲的老手如上述的懷特，幾乎不可能公平競爭。另一方面，過於輕易地接納建議所引發疑慮是，進行「你為什麼不—是的，可是」是否是為了掩飾她想進行的，其實是隱而未顯的「笨蛋」（Stupid）遊戲。

上述例子特別戲劇化，因其清楚說明第二個重點。即使懷特確實嘗試過這些建議中的某幾個方法，她仍會加以反對。這個遊戲的目的不是獲得建議，而是否決它們。

由於這個遊戲具備時間結構的價值，幾乎人人在適當的條件下都會進行，因此，針對特別喜愛這個遊戲的個案審慎研究

後，揭露了幾個有趣的特質。首先，他們顯然不但可以、也會扮演這個遊戲中的兩種角色，而且兩種角色詮釋起來不分軒輊。角色的轉換對所有心理遊戲而言，絕非不妥當。玩家也許習於選擇其中一種，但他們大可交換，而且只要有充分的理由，也願意在同一個遊戲中扮演起另一個角色（例如，在「酗酒者」遊戲中，酒鬼轉換至拯救者）。

再者，在臨床經驗中，我們發現，偏愛「你為什麼不—是的，可是」的人所屬的類型，最終都會要求進行催眠，或施打具某程度效果的鎮靜安眠藥，藉此加速療效。他們遊戲的目的，在於證明沒人能夠提出令他們滿意的建議——換言之，他們絕對不會屈服；反之，在面對治療師時，他們所要求的治療程序，則是讓他們進入一種完全屈服的狀態。由此，「你為什麼不—是的，可是」顯然意謂著一種社交方式，用以解決和屈服有關的矛盾狀態。

更進一步分析，這個遊戲常見於害怕尷尬的人身上，一如以下心理治療對話所示：

治療師：「如果妳知道『你為什麼不—是的，可是』只是一種心理詐欺，為什麼還是要玩？」

懷特：「和別人聊天時，我必須一直想著自己該說什麼。想不到的話，我會覺得很尷尬。除非處在完全的黑暗中。我無法忍受在對話之間出現暫時的停滯狀態。我很清楚，我的丈夫也很清楚。他不時提醒我。」

治療師：「妳的意思是說，如果妳的成人自我狀態無法保持忙碌，妳的兒童自我狀態就會乘機出現，讓妳覺得難堪？」

懷特：「沒錯。所以，如果我不停向某個人提出建議，或者讓對方一直提供建議給我，我就不會有事，我因而有被保護的感覺。只要能夠持續控制我的成人自我狀態，就能延緩難堪的情形。」

懷特在此清楚表明，她害怕無特定結構的時間。只要懷特的成人自我狀態可以在社交場合中保持忙碌，並找到遊戲來適時地建構時間，以供成人自我狀態持續運作，就能避免她的兒童自我狀態被彰顯出來。只是，為了維持懷特的關注度，這個遊戲必須具備充分的動力。她選擇「你為什麼不—是的，可是」，是受到心理溝通的經濟原則所影響：針對懷特兒童自我狀態中，關於身體順從的矛盾情節，這個遊戲能夠創造最大的內在和外在好處。她可以同樣的熱情和無法支配的精明兒童自我狀態進行遊戲，或者和嘗試主宰他人兒童自我狀態卻無功而返的睿智父母自我狀態進行遊戲。由於「你為什麼不—是的，可是」的基本原則就是不接受任何建議，因而父母自我狀態永遠不會成功。這個遊戲的座右銘正是：「不要驚慌，父母自我狀態絕對不會成功。」

總而言之，雖然遊戲的每個行動都讓懷特覺得愉快，否決他人的建議也帶來獨特的趣味，但這個遊戲真正的結局則是陷入沉默或未被察覺的沉默，緊接而來的，則是其他人絞盡腦汁

且精疲力竭地思考懷特能夠接受的解決方法。無論是對懷特或其他人，這意謂著她贏了，她證明無能的是他們。如果沉默未被察覺，可能也只是持續數分鐘。在前幾段提出的範例中，格林中止了懷特大獲全勝的態勢，因為格林急著進行自己的遊戲，正因如此，她才會避免加入懷特的遊戲。之後，在同一場聚會裡，懷特對格林的憤怒會表露無遺，因為格林瓦解了她的勝利時刻。

「你為什麼不─是的，可是」另一個令人感興趣的特質是，無論是外在或內在遊戲，其進行的方式並沒有差異，只是角色對換而已。在外在形式中，臨床上可觀察到懷特的兒童自我狀態顯現，在多人環境下扮演起無助的求助者。至於內在形式，則是相對親密的兩人遊戲，由懷特在家和丈夫一起進行，她的父母自我狀態顯現，成為睿智且有能力的建議提供者。然而，這種角色逆轉通常較晚出現，在求愛階段，她扮演著無助的兒童自我狀態那一面，直到蜜月期結束，頤指氣使的父母自我狀態漸漸出現端倪。在籌備婚禮期間，懷特可能會不經意表現出來，但她的未婚夫會忽視各種徵兆，因為他一心一意只想和自己慎選的新娘完成終生大事。如果未婚夫並未忽視這些徵兆，可能會以某些「適當的理由」取消婚約，反觀懷特，則是不經一事不長一智，將重新展開尋找合適伴侶的旅程。

反命題：顯然，對懷特呈現「問題」的第一步有所回應的人，無非是在進行「我只是想幫你」的其中一種形式。事實上，

「你為什麼不—是的，可是」的對立遊戲便是「我只是想幫你」。在「我只是想幫你」中，只有一名治療師和許多個案；而在「你為什麼不—是的，可是」中，則是僅一名個案以及多名「治療師」。也因此，臨床上的「你為什麼不—是的，可是」的反命題就是不要進行「我只是想幫你」。假設懷特的開場白是「如果怎麼樣，你會怎麼……」（What do you do if…），較建議的回應是：「這是很難的問題，你想怎麼處理？」如果開場白的形式是：「某種方法不是很有用」，回應則是：「太可惜了。」上述兩種回應都相當得宜，足以讓懷特不知所措，或者至少引起交錯的交流，致使懷特的沮喪表露無遺，才能進一步探索。在治療小組中，這是一種很好的練習，可以讓容易受到影響的個案壓抑住想進行「我只是想幫你」的想法。於是，不只是懷特，包括其他成員也能學習如何「你為什麼不—是的，可是」的反命題（anti-YDYB），畢竟這個遊戲只是「我只是想幫你」的另一面。

在社交場合中，倘若遊戲進行的氣氛友善且無害，沒有拒絕參加的理由。若存在著利用專業知識的意圖，或許就得採取對立的行動；但在這種情況下，可能會因為懷特兒童自我狀態的暴露，進而引起發懷特的憤慨。遇到這類狀況，最好的對策是逃避懷特的開場行動，同時找出第一度「挑逗」這類的激勵遊戲。

相關遊戲：「你為什麼不—是的，可是」有必要和與其相對應的遊戲「你為什麼要—沒有，但是」（Why Did You—No But）

有所區別。在「你為什麼要—沒有，但是」中，父母自我狀態獲勝，而處於防備狀態的兒童自我狀態最後在困惑中退卻，雖然表面上的溝通內容聽起來符合現況、理性，而且是成人自我狀態對成人自我狀態。「你為什麼要—沒有，但是」與「再者」，兩者更具相關性。

最一開始，「你為什麼不—是的，可是」的逆向遊戲類似「鄉巴佬」（Peasant）。懷特誘使治療師提供建議，且她立刻接納，而非拒絕。直到治療師參與程度逐漸加深之後，他才理解到，懷特其實是針對他。看似「鄉巴佬」的遊戲，最終變成一種充滿智識的「挑逗」遊戲。典型的例子出現在正統的精神分析中，正面的移情作用轉變為負面的移情作用。

「你為什麼不—是的，可是」遊戲也可能成為第二度激烈的「替我做點什麼」（Do Me Something）遊戲。舉例而言，個案拒絕整理家務，以致丈夫每天傍晚回家，兩人便進行起「你為什麼不—是的，可是」。無論丈夫說什麼，她總是沉著臉拒絕改變。在某些案例中，這類沉著臉的反應可能相當有害，有必要進行精神評估。除此之外，關於遊戲的部分也必須進一步考量，畢竟，之所以發生這個問題，乃在於丈夫選擇配偶的原因，以及他是怎麼造成這種情況一直持續下去。

分析

命題：看看你是否能夠提出我無從挑剔的解決方法。

目標：尋求寬慰。

角色：無助者、建議者。

動力：放棄衝突（口頭）。

例子：（1）是的，可是我現在無法做家事，因為……（2）無助的妻子。

社會典範：「成人－成人」。

「成人」：「如果……你會怎麼做……」

「成人」：「你為什麼不……」

「成人」：「是的，可是……」

心理典範：「父母－兒童」。

「父母」：「我的協助會讓你心存感激。」

「兒童」：「試試看。」

行動：（1）問題—解決方法。（2）反對—解決方法。（3）反對—焦慮困窘。

好處：（1）心理層面的內在好處——寬慰。（2）心理層面的外在好處——避免屈服。（3）社會層面的內在好處——「你為什麼不—是的，可是」的父母自我狀態角色。（4）社會層面的外在好處——「你為什麼不—是的，可是」。（5）生物需求的好處——理性討論。（6）存在需求的好處——每個人都想支配我。

參考資料

1 von Chamisso, Adelbert. *Peter Schlemihl*. David McKay & Company, Phila-delphia, 1929.

2 保羅・德・科克是十九世紀的詞曲創作家和小說家，最有名的作品包括《心地善良的好伙伴》，主題是一位放棄太多的男人。

9 性遊戲

Sexual Games

有些心理遊戲的進行，是為了利用或克服性衝動。事實上，這些遊戲都是人類對性本能的曲解，將性行為的滿足移轉至關鍵的人際互動，藉此構成遊戲的結局。這很難具體說明，因為這類遊戲通常太過隱私，以致相關的臨床資訊只能仰賴間接取得，且難以準確評估資訊提供者本身是否有偏見。舉例而言，精神醫學對同性戀的觀念嚴重偏差，原因在於戰無不克的玩家通常不會尋求心理治療，而多數可取得的資訊大都來自相對消極的伴侶。

本章所探討的性遊戲包括：「不如你和他打一架」（Let's You and Him Fight）、「性倒錯」（Perversion）、「挑逗」、「絲襪」（Stocking）和「爭吵」遊戲。在大多數的情況下，遊戲的行動者為女性。這是因為以男性為行動者的激烈性遊戲無不遊走在法律邊緣，或構成犯罪行為，嚴格來說屬於「黑社會」遊戲的範疇。另一方面，性遊戲和婚姻遊戲雖然部分重疊，但本章描述的遊戲無疑同時適用於未婚人士以及配偶。

不如你和他打一架

命題：「不如你和他打一架」或許是一種操弄、儀式或遊戲。在所有例子中，主要的心理特點本質上都屬於女性。基於其戲劇性的特性，「不如你和他打一架」也是世界許多文學作品的基本元素，且不分優劣。

1. 做為操弄，這個遊戲可謂浪漫。女人操弄兩個男人，或者邀請他們來場競爭，同時暗示或承諾兩人，她將臣服於贏家。一旦競爭結果出爐，她履行承諾。這是誠實的溝通行為，前提是她和她的伴侶從此過著快樂幸福的日子。

2. 做為儀式，這個遊戲有悲劇性的傾向。社會習俗要求兩個男人為她而戰，即使她並無此意，或者早已心有所屬。萬一不對的男人獲勝了，她依然只能接納他。在這種情況下，造成「不如你和他打一架」的並不是她，而是社會習俗。倘若她心甘情願，這便是個正正當當的交流。萬一她心有不甘或心灰意冷，其結果可能給予她相當程度的空間，得以運作其他遊戲，諸如「我們叫喬伊趕快」（Let's Pull A Fast One on Joey）。

3. 做為遊戲，「不如你和他打一架」其實很可笑。女人發起競爭，兩個男人參賽，比賽如火如荼之際，她卻和第三個男人私奔。女人及其伴侶的立場認為，唯有傻瓜才會老老實實競爭，由此衍生出兩人心理層面的內在和外在好處，而這次可笑的經歷，也形成了社交層面的內在和外在好處。

性倒錯

命題：異性戀的性倒錯（perversion），諸如戀物癖（fetishism）、虐待狂（sadism）和被虐待狂（masochism）等，都是兒童自我狀態產生混亂的症狀，且得以據此治療。然而，他們在實際性愛關係中所呈現的人際溝通面向，可以透過各種遊戲分析來處理。最後，則可能透過社會控制，因此，即使扭曲的性衝動並未有所改變，只要處理好實際的性沉溺，便能平衡性倒錯造成的影響。

被輕微虐待或被虐待狂影響而扭曲性格的人，易有採取心理健康最原始立場的傾向。他們自認為性欲很強，長時間禁欲會導致嚴重的後果。他們的想法不但不正確，更讓他們有了進行「義肢」遊戲的充分藉口：「我的性欲那麼強，你能指望我什麼呢？」

反命題：盡所能地對自身和伴侶維持一般應有的禮節；換言之，就是抑制住進行言語或肉體鞭笞的欲望，並以更傳統的方式性交。如果懷特已嚴重性扭曲，這個反命題就會暴露出遊戲的第二個元素，而這通常會清楚地出現在他的夢境中：他其實對性交本身沒什麼興趣，他真正的滿足感來自於毫無羞恥的前戲。雖然懷特可能不願意承認，但他清楚知道，自己的不滿其實是：「這麼多前戲之後，我還是得性交！」到了這個階段，懷特暴露的立場更適合進行特定的心理治療，再多的辯解和逃

避也無濟於事。但是，這僅適用於實務上的「性精神病患者」，不適用惡性的思覺失調症或性倒錯犯罪，更不適用於將性交行為侷限在幻想的個案。

「同性戀」遊戲已精進為許多國家的次文化，一如在其他國家已然成為一種儀式。許多因同性戀而引發的身心障礙，其實都源於將同性戀視為一種心理遊戲。「同性戀」遊戲的刺激行為，也創造出「警察與強盜」（Cops and Robbers）、「為什麼這種事老是發生在我們身上」（Why Does This Always Happen to Us）、「這就是我們生存的社會」（It's the Society We Live In）以及「厲害的男人都是……」（All Great Men Were）等遊戲。通常，這些遊戲能夠接受社會控制（social control），由此將阻礙降至最低。只是，「同性戀遊戲的專業玩家」浪費太多可以用在其他目標的時間和精力。分析他的遊戲，或許可以協助他建立和諧的家庭關係，並任由他享受中產階級社會所提供的各種好處，而不是致力於進行個人版本的「難道你不覺得很糟嗎」。

▎3、挑逗

命題：這是由一個男性和一個女性所進行的遊戲，至少在較溫和的形式中，或許可委婉地稱之為「拒絕」（Kiss Off）或「惱怒」（Indignation）。其進行的方式有多種強度。

1. 第一度「挑逗」，或稱「拒絕」，常見於社交場合，本質

上包含若有似無的調情。懷特傳達出目前處於空窗期的訊息，同時也樂於享受男性的追求，一旦他有所表態，遊戲便宣告結束。如果懷特是個有禮的人，她可能會坦承說：「感謝你的讚賞，真的非常謝謝你。」然後尋找下一個征服的對象。倘若懷特並非如此寬厚，可能就會轉身離開他。純熟的玩家有辦法在一個大型的聚會中持續進行拒絕遊戲，並周旋於眾人之間，為此，男人必須不著痕跡的使出複雜的操弄手段來追求懷特。

2. 第二度「挑逗」，或稱「惱怒」，布萊克的追求只能為懷特帶來次要的滿足，因為她主要的樂趣是拒絕布萊克，因此，在口語上，這個遊戲也稱為「小子，滾開」（Buzz Off, Buster）。懷特一邊引導布萊克陷得更深，其程度更勝第一度「挑逗」中若有似無的調情，一邊充滿興味地看著當她拒絕布萊克時，他狼狽的窘態。當然，布萊克其實不如表面看來的無助，他可能克服了諸多難題，才能與懷特進行這個遊戲。一般而言，布萊克也是在進行稍作變化的「踢我」。

3. 第三度「挑逗」不但惡毒，且會以謀殺、自殺或面臨法庭制裁收場。懷特誘使布萊克做出失當的肢體接觸，並主張布萊克對她進行犯罪攻擊或造成難以彌補的傷害。在最令人髮指的遊戲形式中，懷特允許布萊克和她上床，好讓自己在和他對質前，能夠好好享受一番。雙方的對質有可能在當下，懷特提出與事實完全悖離的強暴怒吼，也可能延後發生，就在一段漫長的戀愛關係之後，所引發的自殺或他殺事件。如果她定調這

個遊戲為犯罪攻擊，輕而易舉便能找到唯利是圖或不懷好意的盟友，例如媒體記者、警方、律師或親人。然而，這些局外人偶爾會充滿嘲諷意味地攻擊她，她因而失去發球權，淪為對方棋盤上的一只棋子罷了。

在某些案例中，局外人則發揮截然不同的功能。他們逼迫心不甘情不願的懷特，因為他們想進行的，是「不如你和他打一架」。他們要她站在保全顏面或名譽的立場上，因此她必須哭喊自己遭到強暴。這種情況尤其常見於當事人是未滿合意性交年齡的女孩；她們可能非常願意和男方繼續私通下去，可惜事件爆發或被鬧大，女孩被迫將一段浪漫愛情變成第三度「挑逗」遊戲。

在一個眾所周知的例子中，謹慎的約瑟（Joseph）拒絕「挑逗」的誘惑，於是，波提乏（Potiphar）*的妻子不出所料地將其轉換成「不如你和他打一架」遊戲；這是個非常完美的例子，足以說明激烈的玩家如何面對「挑逗」遊戲的反命題，以及拒絕進行遊戲的人所面臨的險境。兩個遊戲結合為眾所皆知的「美人計」：女子引誘布萊克之後，哭喊著布萊克強暴她，到了某個階段，由女子的丈夫接手，並以勒索為目的羞辱布萊克。

---

* 譯注：約瑟和波提乏是希伯來《聖經》中的人物。波提乏為法老的護衛隊成員，他買下約瑟做為僕人之後，發現約瑟聰明過人，便讓他擔任家務總管。但波提乏的妻子決定引誘約瑟，最後指控約瑟企圖挑逗她，波提乏便將他關入監獄。

第三度「挑逗」遊戲中，最不幸也最激烈的形式之一，最常發生在兩個陌生的同性戀之間，在不到或大約一個小時，就可能演變成凶殺命案。這種扭曲且造成犯罪事實的遊戲變形，引起社會轟動，因而為報章媒體創下驚人的銷量。

「挑逗」的兒童原型與「性冷感的女人」相同，都是一個小女孩誘使男孩自我羞辱，或者弄髒自己，而後再嘲笑他，正如毛姆在《人性枷鎖》（*Of Human Bondage*）中的經典描述，或者本書先前提過的狄更斯《孤星血淚》。兒童原型的「挑逗」遊戲屬於第二度。另一個更為激烈的形式，已接近第三度「挑逗」遊戲，則有可能發生在環境惡劣的鄰里中。

反命題：男性避免涉入或者控制遊戲的能力，取決於他是否有能力區分真實的情感表達以及遊戲中的行動兩者之間的不同。如果他有辦法運用社會控制，就能從「拒絕」遊戲裡那若有似無的調情過程中獲得相當程度的愉悅。另一方面，想找出安全的反命題來破除波提乏妻子的操弄，卻是非常困難，除了在沒有事先通知的情況下，及時離開之外。一九三八年，筆者在阿勒普（Aleppo）遇到當地一名長者，可說是另一個約瑟。他在三十二年前倉促逃離君士坦丁堡。當時，他因公務造訪耶爾德茲皇宮（Yildiz）旁的後宮（harem），未想，蘇丹王的其中一個情婦竟纏上他。他不得不放下自己的店鋪，迅速打理好手邊的金法郎（gold francs），離開君士坦丁堡，再也不曾重返舊地。

相關遊戲：男性版本的「挑逗」遊戲即為商場上惡名昭彰

的「陪睡」（〔Casting Couch〕女演員為了取得角色，而和主事者上床，只是最終並未獲得該角色的演出機會）以及「依偎著睡」（〔Cuddle Up〕而後，她慘遭開除）。

分析

以下分析所提及的為第三度「挑逗」遊戲，因其闡明的遊戲元素相對激烈。

目標：惡意報復。

角色：誘惑男人的女人、大野狼。

動力（第三度）：陰莖羨妒、口頭暴力。「拒絕」的動力是陽具崇拜，而「惱怒」的動力著重於肛門。

例子：（1）我會把你的行為昭告天下，你這骯髒鬼。（2）受盡委屈的女人。

社會典範：「成人－成人」。

「成人」（男性）：「很抱歉，如果我的行為太過逾越。」

「成人」（女性）：「你侵犯我，必須付出慘痛的代價。」

心理典範：「兒童－兒童」。

「兒童」（男性）：「看看我是多麼令人難以抗拒。」

「兒童」（女性）：「我逮到你了！你這個混蛋。」

行動：（1）女性：誘惑；男性：反誘惑。（2）女性：臣服；男性：勝利。（3）女性：對質；男性：崩潰。

好處：（1）心理層面的內在好處──表達憎恨和投射罪惡

感。（2）心理層面的外在好處──避免情感上的性親密。（3）社會層面的內在好處──「我逮到你了，你這個混蛋」。（4）社會層面的外在好處──「難道你不覺得很糟嗎」、「法庭」，以及「不如你和他打一架」。（5）生物需求的好處──性交和雙方交戰。（6）存在需求的好處──我沒有犯錯。

▌4、絲襪遊戲

命題：這個遊戲屬於「挑逗」遊戲家族；其最顯著的特質是裸露癖（exhibitionism），本質上則是歇斯底里。一個女人走進一陌生團體，不久，她突然抬起雙腿，以挑逗的姿勢做出暴露的行為，並強調：「天啊，我今天絲襪穿好久！」這是個精心設計的行動，目標是激起男人的性欲，同時激怒其他女人。當然，懷特一逕地以無辜地抗議或還擊所有對她的指責來反駁。因此，「絲襪」遊戲和典型的「挑逗」遊戲相似。而「絲襪」遊戲的重點在於懷特缺乏適應能力。她幾乎無法耐住性子，先理解自己正面對的是哪些人，或者安排使出操弄手段的時機，以致懷特的舉止顯得突兀且不得宜，也影響了她和朋友之間的關係。雖然身懷些許膚淺的「世故」，她卻無法理解自己的生活，因為她對人性的判斷過於憤世嫉俗。然其目的只是為了是證明其他人的思想淫穢，而她的兒童自我狀態和父母自我狀態（通常來自淫蕩的母親）欺騙她的成人自我狀態，完全忽視自身的

挑逗行為和許多人對她表現出的善意。因此,「絲襪」遊戲有自我毀滅的傾向。

　　這有可能是一種陽具崇拜的遊戲變形,主要取決於潛在的心理不安。「口腔」版本的變化形則展現在病徵更明顯、且乳房發育很好的女性身上。這類女性的坐姿通常是雙手支在頭部後方,由此突顯出她們的乳房;甚至以提及特定的乳房病變和腫塊來強調乳房大小,藉此吸引他人注意。而一些刻意扭動身體的姿態,則可能是「肛門」版本的遊戲變形。這個遊戲所暗示的,正是該名女性目在性方面屬於空窗期,也因此,喪夫的女人可能會以更具象徵的方式,矯情地「展現」自己寡婦的身分。

　　反命題:除了缺乏適應能力之外,這些女性幾乎不願接納反命題。舉例來說,在經驗豐富的治療小組中,一旦遊戲遭到忽略或反擊,她們可能不會再回來。在這個遊戲中,必須謹慎區分反命題和報復行為,因為後者意謂著懷特贏了。相較於男性,女性在「絲襪」遊戲中更善於反擊,因為男性缺乏終止遊戲的動機。因此,反命題最好交由在場的其他女性判斷。

5、爭吵

　　命題:這經典的遊戲發生在專橫的父親和正值青少年時期的女兒,同時會有個性抑制的母親。父親下班回家之後,對女

兒找碴，而她的反應相當無禮；或者，女兒率先表現得太過放肆，父親因而開始找碴。雙方開始大聲爭執，衝突愈來愈激烈。結果取決於由誰主動。一共有三種可能：（a）父親回到臥室，砰地一聲關上門；（b）女兒回到臥室，砰地一聲關上門；（c）兩人分別回到各自的臥室，雙雙砰地一聲關上門。無論哪一種情況，「爭吵」遊戲都會出現砰地一聲關上門。在某些特定的家庭裡，「爭吵」遊戲提供了一種令人痛苦、卻意外有效的方法，用以解決父親和青春期女兒之間出現的和性有關的問題。一般而言，唯有對彼此憤怒，他們才能住在同一個屋簷下，砰地一聲關上門所強調的，是他們各自擁有臥室的事實。

在不睦的家庭中，這個遊戲可能以令人不堪且唾棄的形式進行：只要女兒外出約會，父親一定等到她回家，而且從頭到腳仔細盤問她和她的衣物，確定她並未和任何人上床。即使是最輕微的猜疑，都可能引發最激烈的爭執，並以女兒在半夜被逐出家門告終。最後的發展勢必如此──不是女兒約會回家的當晚，就是隔天，或者後天，一定引爆爭執。於是，父親的質疑終於「獲得證明」，正如他向女孩的母親說的，只是在雙方爭執的過程中，母親也只能「無助地」袖手旁觀。

然而，一般而言，「爭吵」遊戲可能也會出現在避免和性有關的兩人親密關係中。舉例而言，「性冷感的女人」的最後階段常見「爭吵」遊戲。而發生在青春期男孩和女性親人之間的情況則相對少見，原因在於，相較於其他家族成員，對青春

期的男孩而言，傍晚逃家是多麼稀鬆平常的事。在成長階段的早期，兄弟姊妹彼此相互牽制，並藉由肢體衝突獲得部分的滿足，而在不同的年紀，這種行為模式不但帶有不同的動機，在美國，更被認為是半儀式形式的「爭吵」遊戲，並得到媒體、教育界和小兒科權威的認可。在英格蘭的上流社會，這種行為則被視為（或者曾經被視為）不良行為，於是，同樣旺盛的精力便被引向球場上常見的「爭吵」遊戲。

反命題：「爭吵」遊戲導致女兒對父親的反感程度，可能不如他所想的，而且一般而言，會是女兒藉由早婚，通常是未成年或被迫結婚來表現出對立行為。如果精神狀況允許，母親則會藉由置身事外或全然的冷淡來表現對立行為。倘若父親在外找到性伴侶，遊戲就會趨於平靜，卻可能導致其他複雜的狀況。在已婚伴侶的案例中，反命題如同「性冷感的女人」或「性冷感的男人」。

而在適當的條件下，「爭吵」遊戲會自然而然衍生為「法庭」遊戲。

10 | 黑社會遊戲

Underworld Games

　　隨著專業的「支援人士」進入法庭、假釋單位和矯正機構，也隨著犯罪學家和執法人員相關學識及經驗日益豐富，相關人士必須清楚在黑社會愈來愈盛行的遊戲，包括監獄內外的遊戲，諸如「警察與強盜」、「怎麼逃出去」（How Do You Get Out of Here）以及「我們叫喬伊趕快」等。

▌1、警察與強盜

　　命題：由於多數罪犯憎恨警察，因此，他們從以智取勝警察中所獲得的滿足感，似乎和從犯罪事實中獲得的相同，甚至更多。在成人自我狀態層面，其犯罪是一種追求物質報酬的遊戲，重點在奪取；但是，在兒童自我狀態層面，是為了追逐的刺激，亦即逃脫和冷靜下來。

　　雖然難以理解，但「警察與強盜」的童年原型不是警察與強盜，而是捉迷藏，其本質就是被抓到的懊惱。年幼的孩童在被抓到的當下便會流露出懊惱的神情。如果父親輕而易舉便找

到他們，孩子會懊惱並覺得這一點也不好玩。但是，如果父親是個真正的玩家，他會很清楚遊戲規則；他會適當保持距離、採取拖延戰術，孩子於是藉由大喊、刻意掉落物品或敲出聲音來暗示他。這無異於是孩子迫使父親找到他，但他依然表現出懊惱的神情，只是這一次，他玩得很開心，因為多了點懸疑色彩。萬一父親中途放棄，孩子大多會大失所望，且毫無獲勝的感覺。躲起來這件事充滿樂趣，顯然不是事情的癥結所在。他沮喪的原因並不是被發現。輪到父親躲起來時，他知道自己不該瞞騙孩子太久，只要點到為止，見好就收；他也很機靈，一被找到，當下一付懊惱的樣子。由此則立刻清楚顯現出，「被發現」才是遊戲的必要結局。

因此，捉迷藏不只是單純的消遣活動，而是真正的心理遊戲。在社會層面上，捉迷藏是一場鬥智，當所有玩家的成人自我狀態無不盡其所能時，捉迷藏才算是達到最大的滿意感；然而，在心理層面上，則如同設下強制賭局，懷特的成人自我狀態必須輸掉，才能讓自己的兒童自我狀態獲勝。不要被抓到就是真正的反命題。在較大的孩童之間，如果某個人找到難以被發現的藏身處，則會被視為不是個好玩伴，因為他搞砸了遊戲。他忽視兒童自我狀態，將一切變成成人自我狀態的程序。他不再是為了好玩而玩，他如同賭場老闆或職業罪犯，他們的目的是金錢，而非娛樂。

慣犯似乎有兩種截然不同的類型：為金錢利益而犯罪，以

及為遊戲而犯罪——有非常多的罪犯介於這兩者之間且游刃有餘。「沉迷型贏家」追求巨額財富，他們的兒童自我狀態不希望被逮捕，根據統計報告，也確實鮮少遭到逮捕；他難以捉摸，結局總是在他的掌握中。另一方面，「沉迷型輸家」則進行「警察與強盜」，他們的財務狀況通常很窘迫。少數的例外絕大多數是因為運氣好，而不是犯罪技巧嫻熟；長遠來看，即便是運氣好的罪犯，通常基於兒童自我狀態的需求而結束一切，而且是滿腹牢騷，不見意氣風發的樣子。

我們此處所論及的「警察與強盜」玩家，從某些方面來說，和酗酒者類似。他可以從強盜的角色轉換成警察，反之亦然。在某些案例中，他有可能在白天扮演父母自我狀態的警察，天黑之後成為兒童自我狀態的強盜。許多強盜心中住著一名警察，許多警察心中也住著一個強盜。如果罪犯「改過自新」了，他有可能扮演起拯救者，成為社工或者傳教人員；但拯救者在「警察與強盜」的重要性，遠不如「酗酒者」中的拯救者。一般而言，玩家的強盜角色是他的命運，每個人都有自己的作案手法，面對警察時，可能讓警察輕易地逮捕或是不輕易就範。

賭徒這個職業也非常相似。在社會或社會學層面上，「職業」賭徒的獲利來源正是賭博。但在心理層面上，唯有以下兩種類型堪稱職業賭徒。第一種是用盡所有時間和諸如命運女神等賭博的賭徒，他們唯有在兒童自我狀態需要挫敗時，方能戰勝成人自我狀態的求勝意念。第二種則是經營賭場，好讓賭徒

Games People Play. The Basic Handbook of Transactional Analysis

人間遊戲

有機會大賭一把，他們則藉此謀生，而且通常獲利甚多；他們本身並不賭博，甚至避免介入，唯有在特定條件下，偶爾放縱自己，享受賭博的樂趣，正如罪犯可能偶爾想玩警察與強盜遊戲。

上述所言也闡明了何以對於犯罪者的社會學研究和心理研究一直以來，不只太含糊且徒勞無功：因為他們所面對的，是無法以傳統理論或實證研究架構完全區分的兩種人。相同的問題也出現在賭徒研究中。而人際溝通和遊戲分析為此提供了立即性的解答。在社會層面之下，以溝通分析區分出「玩家」和「專業人士」，因而消除了意義不明之處。

現在，我們姑且先把這一般性的理論擺在一旁，好好思考一些具體的例子。有些竊賊行事俐落、不著痕跡。而「警察與強盜」中的竊賊則會猶如留下名片般地做出刻意破壞等沒必要的行為，例如在昂貴的衣服上留下分泌物和排泄物。根據分析，真正的銀行搶匪會盡可能地採取預防措施，以避免發生暴力事件；反觀「警察與強盜」中的搶匪不過是為了尋找洩憤的藉口。一如所有專業人士，專業罪犯力求工作現場乾淨俐落；「警察與強盜」的罪犯則覺得有必要在犯罪的過程中發洩怒氣。據悉，專業罪犯在一切尚未就緒之前，是絕對不會展開行動的；遊戲玩家則是兩手一攤，直接承擔法律責任。正規的專業罪犯以其獨特的方式理解「警察與強盜」遊戲。倘若成員之一過於熱中遊戲至危及任務的程度，尤其是表現出希望被警方逮

捕的意願時，其他人將採取激烈手段，避免同樣的情況再次發生。或許，這只是因為正規的專業罪犯並非「警察與強盜」的玩家，他們很少被抓，因此少見社會學、心理學和精神病學上的相關研究；同樣的道理也適用於賭徒。所以，我們對於罪犯和賭徒的客觀知識大多是指玩家，而非正規的專業人士。

有竊盜癖的人（〔kleptomaniac〕不是專業扒手）便是日常的「警察與強盜」如何被廣泛進行的例子。至少，很可能有極高比例的西方人都曾幻想過進行「警察與強盜」，這也是在我們這個世界帶動報紙銷量的原因。這類幻想通常是以虛構的「完美謀殺」形式發生，在幻想中，人們進行著有可能是最艱困的遊戲，最後完全智取警方。

「警察與強盜」的變化形包括「查帳員與強盜」（Auditors and Robbers），由侵佔公款者扮演，規則以及結局和「警察與強盜」相同；「海關與強盜」（Customs and Robbers）的玩家則是走私犯。其中，最令人特別關注的則是「法庭」遊戲的犯罪變形。儘管事前已謹慎預防，職業級人士偶爾還是會遭到逮捕並接受審判。對他而言，「法庭」只是一個程序，他只需按照法律顧問的指示進行。對律師而言，倘若他們是沉迷型贏家，「法庭」在本質上就會變成一種和陪審團一起進行的遊戲，目標是勝訴，而不是敗訴，社會上的多數人認為這是一種有建設性的遊戲。

反命題：相較於精神科醫生，具備專業資格的犯罪學家更

重視「警察與強盜」的反命題。警方和司法機關並非遊戲的反命題，只是在社會所制定的規則中，他們各自扮演起自身的角色罷了。

然而，必須強調一件事。犯罪學研究工作者或許會開玩笑表示，有些罪犯似乎表現出樂於享受警方追緝的樣子，他們想被逮捕，或者說，他們察覺到這方面的念頭，也願意順勢而為。但是，他們不認為這樣的「學術」觀點對他們「嚴謹的」研究有著決定性因素。其中一個原因，就是一般的心理研究方法無法揭露罪犯有享受追緝和逮捕的傾向。因此，研究者要麼就是必須忽略這個關鍵，因為無法透過自己的研究方法有效證明這種傾向，要不然，就是改變自己的研究方法。事實上，截至目前為止，這些研究方法並未找出任何一個答案來解決犯罪學上的問題。因此，研究者最好摒棄舊方法，改以嶄新的方式處理問題。除非「警察與強盜」被認定不只是一種有趣的反常現象，而是諸多犯罪事件的核心，否則犯罪學方面的多數研究依然只是為了處理數不清的瑣事、各種原理、邊緣議題，甚或是完全的離題了 [1]。

分析

命題：看看你能不能抓到我。

目標：尋求寬慰。

角色：強盜、警察（法官）。

動力：陽具侵入，例如（1）捉迷藏、捉人遊戲（2）犯罪。

社會典範：「父母－兒童」。

「兒童」：「看看你能不能抓到我。」

「父母」：「那是我的職責。」

心理典範：「父母－兒童」。

「兒童」：「你必須抓到我。」

「父母」：「啊哈，抓到嘍！」

行動：（1）懷特：反抗；布萊克：憤慨。（2）懷特：躲藏；布萊克：沮喪。（3）懷特：挑釁；布萊克：勝利。

好處：（1）心理層面的內在好處——為過去的不法行為，尋求物質賠償。（2）心理層面的外在好處——反恐懼的*。（3）社會層面的內在好處——看看你能不能抓到我。（4）社會層面的外在好處——我差一點就全身而退了（消遣：他們差一點就全身而退了）。（5）生物需求的好處——惡名昭彰。（6）存在需求的好處——我是永遠的輸家。

▋ 2、怎麼逃出去遊戲

命題：過去的跡象顯示，適應情況最良好的囚犯，通常都是藉由活動、消遣或遊戲來建構時間。祕密警察顯然深諳此

---

* 譯注：反恐懼的（counterphobic）是指一個人面對焦慮時，不逃避焦慮來
　　源，反而主動尋找，希望藉此克服自己的焦慮。

道，據說，他們單單靠著不讓囚犯自由活動，並處於一種社會剝奪的狀態下，便能迫使他們崩潰。

獨居囚犯最喜歡的活動是閱讀或寫作，而他們最愛的消遣則是逃脫，某些越獄實踐者，例如卡薩諾瓦和崔恩克男爵早已舉世聞名＊。

最受人喜愛的遊戲是「怎麼逃出去」（〔How Do You Get Out of Here?〕我要出去〔Want Out〕），這個遊戲也可能出現在州立醫院。這和第五章所討論的操作，亦即「品行端正」（Good Behavior）有很大的不同。想要重獲自由的囚犯會發現，遵守獄政當局的規定，才能盡早獲得釋放。如今，透過進行團體類型的「心理治療」遊戲大多可以達到這個目的。然而，進行「我要出去」遊戲的囚犯或病患，他們的兒童自我狀態其實不想逃離。他們假裝「品行端正」，卻在關鍵時刻自我破壞，好讓自己無法獲得自由。因此，在「品行端正」的操作中，一個人的父母自我狀態、成人自我狀態和兒童自我狀態一起努力，想要重獲自由；而在「我要出去」中，父母自我狀態和成人自我狀態一起完成所有受到規範的行為，直到關鍵時刻，對冒然進入未知世界的期待感到恐懼的兒童自我狀態取得主導地位，摧毀了先前的努

＊ 譯注：卡薩諾瓦（Casanova, 1725-1798）是義大利的風流才子，在一七五五年間因為涉嫌參與間諜活動而遭到逮捕，雖然沒有明確的證據，依然身陷囹圄。一七五六年十一月，卡薩諾瓦與其他囚犯一起越獄成功。崔恩克男爵（Baron Trenck, 1726-179）是普魯士探險家，曾多次越獄，甚至書寫成冊。

力。一九三〇年代晚期,「我要出去」盛行於甫從德國抵達美國,卻患上精神疾病的新移民。他們的情況逐漸改善,請求離開醫院;但是,重獲自由的日子逼近,精神病症狀又會再次復發。

反命題:管理人員如果保持警戒,便足以辨識「品行端正」和「我要出去」,且在執行層面上便可處理。只是,團體心理治療的初學者有可能會上當。稱職的團體心理治療師深知以心理治療為導向的監獄最容易出現上述操弄行為,因此,他們會仔細觀察,並在早期階段便指出問題。由於「品行端正」是誠實的操作行為,因而也可以治療,而且即使公開討論也不會對個案產生傷害。反觀「我要出去」則有賴積極的治療,尤其是恐慌的囚犯必須接受矯正的情況下更是如此。

相關遊戲:「我要出去」的相關遊戲包括一種稱之為「你仔細聽好」(You've Got to Listen)的操作行為。在這個操作行為中,矯正機關的囚犯或者社會機構的個案要求抱怨的權利。而他提出的抱怨通常無關緊要。他的主要目的是為了確認相關單位願意傾聽他的心聲。如果他們誤以為,他期待他們對這些抱怨有所反應,並斷然拒絕他因為他要求太多,事情將會變得棘手。如果相關單位滿足了他的需求,他就會得寸進尺。但如果只是耐心傾聽,同時表現得極有興趣,「你仔細聽好」的玩家不但感到心滿意足,也會很樂意配合,不致有更多的要求。管理人員必須學會辨別「你仔細聽好」以及為了矯正行為而提出

的真正需求這兩者之間的差異。[2]

　　另一個屬同一譜系的遊戲是「不白之冤」（Bum Rap）。一個正規的專業罪犯可能會高喊自己蒙受不白之冤，實則想藉此離開監獄，在這種情況下，這不過是他的程序之一而已。不過，將「不白之冤」以遊戲方式進行的囚犯，並非真有離開的打算，因為一旦他離開了，也就失去大聲抱怨的藉口。

▌ 3、我們叫喬伊趕快

　　命題：這個遊戲的原型是「大商店」（The Big Store）＊，一種極度膽大包天的遊戲，但許多小型詐騙事件，甚至桃色敲詐，都屬於「我們叫喬伊趕快」。「我們叫喬伊趕快」裡沒有真正的輸家，除非有人打著犯罪的如意算盤，畢竟這個遊戲的第一步是布萊克告訴懷特，單純無知的老喬伊隨時會上鉤。如果懷特為人非常正派，他要麼退出，要麼警告喬伊，但他並沒有這麼做。就在喬伊幾乎要付出代價時，某個環節出了問題，懷特當下意識到自己血本無歸。或者，在桃色敲詐中，喬伊幾乎要被戴綠帽時，他卻突然走了進來。而懷特一直以為遊戲依他單純認知的規則進行，這才發現自己不但必須配合喬伊的規則，這些規則更是對他造成損失。

＊ 譯注：「大商店」為常見的詐騙手法，通常指詐騙人投資租賃大樓並裝潢，偽裝成真正存在的營業機構，例如銀行，吸引顧客上門，騙取他們的錢財。

　　更奇怪的是，詐騙目標理應也很清楚「我們叫喬伊趕快」的遊戲規則，而且還嚴格遵守。毫無保留地怒吼更是詐騙的一方深思熟慮過的橋段。他們不會得理不饒人地攻擊懷特，甚至允許有轉寰餘地，任由懷特向警方說謊，藉此留住他的顏面。但萬一懷特做得太過火，比方說，誣諂他們偷竊，那無異於是一種詐欺行為，他們的態度將轉而憤怒。另一方面，如果詐騙成員因設計陷害醉漢進行遊戲而惹禍上身，則不會有人同情他，因為這完全不符合程序，他早該謹慎行事。同樣的，如果他太過愚蠢，挑了一個有幽默感的人為詐騙目標，並因此惹禍上身，也不會有人同情他的。因為眾所周知，有幽默感的人根本靠不住，他們無法貫徹始終，扮演好「我們叫喬伊趕快」裡應有的角色直到最終階段的遊戲——「警察與強盜」。經驗老道的詐騙成員極度害怕面對得知自己遭詐騙後，還能開懷大笑的詐騙目標。

　　必須強調的是，一般的惡作劇並不是「我們叫喬伊趕快」遊戲的一種，因為在惡作劇中，喬伊是受害者，而在「我們叫喬伊趕快」中，喬伊一出場便處於優勢，反觀懷特，則是遭受損失的那一個。惡作劇是一種消遣，「我們叫喬伊趕快」則是遊戲，其中的笑話，不但是刻意為之，而且最終會事與願違。

　　顯然的，「我們叫喬伊趕快」是三人或四人遊戲，警方是第四人。這個遊戲也和「不如你和他打一架」有關。

註解

感謝瓦卡維爾加州醫學研究中心（California Medical Facility at Vacaville）的富蘭克林・恩斯特醫生、諾科加州矯正中心（California Rehabilitation Center at Norco）的威廉・柯林斯（William Collins），以及特哈查比加州男子監獄（California Institution for Men at Tehachapi）的羅倫斯・明斯（Laurence Means）持續研究「警察與強盜」遊戲，並提出令人受益匪淺的討論和批評。

參考資料

1 Frederick Wiseman 在〈Psychiatry and the Law: Use and Abuse of Psychaitry in Murder Case〉（*America Journal of Psychiatry* 119: 289-299, 1961）一文中，提供了一個關於「警察與強盜」清晰而悲劇性的激烈案例。一名二十三歲男子在槍殺自己的未婚妻之後自首。由於警方不相信男子的說法，直到他重複四次案發經過，才逐漸釐清真相。後來，他說：「我感覺到自己的一生最終就是要坐上電椅。倘若這是我的命運，就讓命運實現吧。」作者認為，期望陪審團理解用以描述複雜精神狀態的專家證詞，簡直荒謬可笑。從遊戲分析的角度來看，這個案件的核心議題只稍幾句話便足以表達：一個九歲的男孩決定（出於審判中明確指出的原因），自己必定會坐上電椅結束生命。他用盡餘生追求這個目標，並將女友視為攻擊對象，最終，他達成目標。

2 關於「警察與強盜」和監獄囚犯玩的遊戲的進一步資訊，請參考：Ernst, F. H. and Keating, W. C. 的文章〈Psychiatric Treatment of the California Felon〉，收錄於 *American Journal of Psychiatry* 120: 974-979, 1964.

11 | 諮商室遊戲

Consulting Room Games

　　在心理治療場合裡固定進行的心理遊戲，是專業遊戲分析者所必須熟悉的重要遊戲。因為分析者在諮商室裡可最即時地對這些遊戲進行第一手研究。根據遊戲行動者的角色，這類遊戲可分為三種類型：

　　1. 由治療師和個案輔導人員進行的遊戲：「我只是想幫你」和「心理治療」（Psychiatry）。

　　2. 受過專業訓練的人在治療團體中以患者身分出現並進行的遊戲，例如「溫室」（Greenhouse）遊戲。

　　3. 由一般患者和個案進行的遊戲：「貧困」（Indigence）、「鄉巴佬」、「笨蛋」以及「義肢」。

▍1、溫室

　　命題：這個遊戲是「心理治療」的變形，由年輕的社會科學家如臨床心理學家等，以最激烈的方式進行。和同仁相處時，這些年輕研究者動輒玩起「心理分析」（psychoanalysis）遊

戲，他們大多以開玩笑的方式進行，使用特定的表達句，諸如
「你正表現出敵意」或「一個人的防衛機制會如何藉由無意識
的反應表達？」這些大多屬於無傷大雅且令人享受的消遣，也
是臨床心理學家累積經驗的一般發展階段，團體中的一些創見
甚至令人莞爾（筆者喜歡說：「我想，我們再次來到國定動作
倒錯*週。」）身處心理治療團體，其中一些研究者沉迷於這類
相互攻擊的傾向相對嚴重；但是，在團體治療的情況裡，這些
行為並沒有太大意義，治療師或許有必要制止。接下來，便轉
而進行「溫室」遊戲。

　　近來的畢業生有種強烈傾向，過度推崇他們所謂的「真實
感受」。他們在表達一種感受之前，可能會事先宣告該感受正
醞釀中。而且一旦宣告，便開始詳盡描述，或者應該說，在團
體成員面前如實呈現自己的感受，彷彿那是稀世花朵，必須以
充滿敬畏的態度觀之。他們嚴肅看待其他成員的反應，散發出
植物園中的鑑賞專家的氛圍。以遊戲分析的術語來說，關鍵的
問題只在於，此人所描述的感受是否有資格登上「國家感受展
覽大會」。如果治療師提出質疑，介入這個過程，可能引發眾

* 譯注：動作倒錯（parapraxis）是佛洛伊德精神分析的一種概念，也稱為「佛
　洛伊德式錯誤」。佛洛伊德在其著作《日常生活的精神病理學》（*The Psy-
　chopathology of Everyday Life*）中提出這個觀念，他認為，日常生活中所有
　的「錯誤」或「小失誤」，例如失言等，並非純粹的偶然，而是受到潛意識
　的影響。但是，佛洛伊德也承認，他無法完全確定所有的動作倒錯都是潛
　意識的影響，可能是其他生理因素，然生理因素不屬於精神分析領域。

怒，猶如他是個幫倒忙的蠢貨，粗暴地對待這些來自異國古老植物的脆弱花瓣。為了理解這朵花的結構和生理機能，治療師理所當然認為，有必要仔細分析。

　　反命題： 反命題是心理治療過程的關鍵，此時則是對上述情況的諷刺。如果這個遊戲得以順利進行，之後，患者可能會認為，相較於沒那麼幸運的伙伴，自己得以透過更具優勢的過程「表達不滿」和學習「面對感受」，那麼，遊戲就會維持數年不變。同時，由於這種心理治療沒有產生具備動力的重要意義，而他們投入的時間也並未創造出最大的心理治療益處。

　　在最一開始所言及的諷刺，其針對對象不是患者，而是他們的教師（治療師）以及鼓動這類過度講究風氣的文化環境。如果治療師提出質疑評論的時機得宜，或許能夠成功讓患者脫離矯情的父母自我狀態的影響，並且引導他們在彼此的交流中，表現出較自然的健全狀態。他們不會在一種如溫室般的氛圍中刻意孕育自身感受，而是任其自然發展，一旦有所感受，便能自在表達。

　　「溫室」遊戲最顯著的好處是心理層面的外在好處，因為玩家創造獨特的情感表達環境，限制在場成員的反應，藉此避免情感的親近。

▌ 2、我只是想幫你

　　命題：這個遊戲有可能發生在任何專業領域，不限於心理治療師和福利機構工作者。但是，「我只是想幫你」最常見且以最鮮明的形式呈現的時機，則出現在接受特定訓練的社工人員身上。筆者在某個意外的契機下，才清楚理解到這個遊戲分析。在一場撲克牌牌局中，所有人都已蓋牌，只除了一名研究型心理學家和一名商人。擁有一手好牌的商人決定下注，但心理學家拿到更好的牌，於是提高賭注。商人一臉疑惑，心理學家見狀，便開玩笑地說：「別煩惱，我只是想幫你。」商人猶豫之後，終於跟著下注。心理學家翻牌獲勝，對手隨之不悅地將牌丟到桌上。在場的其他玩家毫不保留地大笑了起來，輸家只能懊惱說：「你的確幫了大忙。」此時，心理學家對著筆者使了個心領神會的眼神，暗示這個笑話不過是消費一下精神病學的專業。就在此時，筆者終於看清「我只是想幫你」的結構。

　　社會工作者、治療師，或其他領域的專業人士，都會向個案或患者提出建議。個案再來時，一併回報當初的建議並未達到預期效果。社工人員一副無所謂的樣子，未多加理會眼前的失敗，而是繼續提出建議。如果他夠警覺，此時，便能察覺到內心有一絲受挫的痛楚，但仍嘗試協助個案。一般而言，他不認為有必要質疑自己的動機，因為他知道，多數和他一樣受過訓練的同仁都是如此，他遵循「正確」的流程，主管也會支持他。

　　萬一他所面對的，是個激烈的玩家，例如懷有敵意的強迫症患者，他會發現，自己愈來愈難以避免無法勝任的感受。接著，他陷入困境，情況逐漸惡化。最糟的是，他在毫無心理準備的情況下，遇到一個憤怒的偏執狂，對方帶著怒意闖來，高吼著：「看看你對我做的好事！」於是，無論是否說出口或只是心裡默默想著「我只是想幫你！」，他的挫折感襲擊而來。個案不知感恩導致他思緒混亂，有可能引發他承受極大的痛苦，也顯示出隱藏在他自身行為之下糾結的動機。而上述混亂的思緒便是遊戲的結局。

　　合格的協助者不應和「我只是想幫你」的玩家有所混淆。「我想，我們可以做些什麼」、「我知道該怎麼做」、「我接受指派來協助你」以及「我的協助費用為……」等，和「我只是想幫你」不同。前四句代表成人自我狀態誠心誠意地提供專業協助，妥善處置痛苦的患者或個案；反觀「我只是想幫你」，則具備一種曖昧的動機，其對遊戲結果的影響更勝專業技巧。這個動機奠基於個案必須產生不知感激或失望的立場。因此，對專業人士（社工）的父母自我狀態而言，對治癒的期盼便是一種警示，也是一種從事破壞行為的邀約，因為治癒有可能威脅到個案的立場。「我只是想幫你」的玩家必須確認，無論自己提供何其有力的協助，都不會為個案所接受。個案的回應是「看看我多努力」或「你幫不了我的」（There's Nothing You Can do to Help Me）。較有變通能力的玩家會妥協：個案如果需要更長

的時間才願意接受協助，那也沒有關係。由此，治療師可能會為太急著產生效果感到愧疚，因為他們也知道，部分同仁可能會在會議上對此多所批評。反觀優秀的律師，他們不同於社工人員中「我只是想幫你」的激烈玩家，他們站在天平另一端，不涉入或不帶個人情緒的協助當事人。於此，專業凌駕於隱藏的強烈情緒之上。

有些社工學派儼然成為培養「我只是想幫你」專業玩家的重鎮，他們的學生很難抗拒這個遊戲。在另一個相對應的遊戲「貧困」中，我將提出一個例子，或許有助於解釋上述論點。

「我只是想幫你」和其相關變化形，在日常生活中相當常見，是家人朋友和親戚經常進行的遊戲（例如，「我可以幫你買」），而和孩子一起從事社區服務的成人也是玩家之一。這個遊戲特別受到父母喜愛，而孩子相對應的遊戲則是「都是你害我的」。在社會意義上，「我只是想幫你」或許是「幫倒忙」的變化形，玩家破壞物品是因為想幫忙，而不是一時衝動；而看似受害者的個案可能是在進行「為什麼這種事老是發生在我身上？」或其中一種變化形。

反命題：有幾種方法可供專業人士處理這個遊戲邀約，而他的選擇取決於他自己和患者之間的關係，特別是患者的兒童自我狀態。

1.典型的心理分析反命題最為徹底，卻也是患者最難以忍受的。遊戲邀約完全遭到忽視，於是，患者以愈來愈激烈的方

式繼續邀約。最後,患者陷入絕望,表現出憤怒或沮喪,也是遊戲受挫的顯著特徵。這個情況可能引發具正面意義的對質。

2. 面對患者的首次邀約,治療師嘗試以較溫和(但不刻意拘謹)的方式對質。治療師直言,他是患者的治療師,不是負責人。

3. 另一種更溫和的處理程序,則是將患者引介至治療團體,由其他患者一起面對。

4. 面對心理失常的患者,初期階段可能有必要和患者一起進行遊戲。這些患者應由精神科醫生治療,他們是醫療人員,可同時開立藥物和一些保健方法,而這些保健方法,即使在有鎮定劑的今日,對治療這些患者而言,依然有其價值。一旦醫生囑咐患者遵循一系列保健方法,可能包括沐浴、運動、休息,搭配藥物、規律的三餐,患者可能會有以下幾種反應:(1)遵循保健方法,感覺到症狀改善;(2)謹慎地執行這些方法,卻抱怨毫無效果;(3)不經意提到自己忘記遵循醫囑,或者他放棄了,因為根本沒有效。在第二和第三種反應中,由精神科醫生自行判斷患者是否得以接受遊戲分析,或者,這意謂著必須為患者進行後續其他形式的心理治療。在決定接下來如何進行之前,精神科醫生必須審慎評估日常保健方法的適度性,以及患者藉此進行遊戲的傾向這兩者之間的關係。

在另一方面,對患者來說,反命題則是「不要告訴我該做什麼來幫我自己,我會告訴你該怎麼幫我」。萬一治療師被發

現是「幫倒忙」玩家，那麼，對患者而言，正確反命題是「不要幫我，幫他」。但是，「我只是想幫你」的嚴肅玩家通常缺乏幽默感。患者的反命題反而會讓玩家產生不良感受，甚至衍生為終身的敵意。在日常生活中，除非已準備好義無反顧地貫徹到底並承擔後果，否則不該採取這類行動。舉例而言，如果輕蔑拒絕某個親人的「我可以幫你買」，可能會引起嚴重的家族間的糾紛。

分析

命題：沒有人遵守我提出的建議。

目標：減輕內疚。

角色：協助者、個案。

動力：受虐狂。

例子：（1）父母介入兒童的學習。（2）社會工作者和個案。

社會典範：「父母－兒童」。

　「兒童」：「我現在應該怎麼做？」

　「父母」：「你應該如此這般。」

心理典範：「父母－兒童」。

　「父母」：「我是多麼稱職的父母」

　「兒童」：「我會讓你覺得自己能力不足。」

行動：（1）要求指示—提供指示。（2）流程被搞砸—責備。（3）證明流程有錯—暗示道歉。

好處：（1）心理層面的內在好處——殉難。（2）心理層面的外在好處——避免面對自己能力不足。（3）社會層面的內在好處——投射型「家長教師聯誼會」；不知感恩。（4）社會層面的外在好處——投射型「心理治療」遊戲。（5）生物需求的好處——遭個案指責，接受督導的安撫。（6）存在需求的好處——所有人都忘恩負義。

▌3、貧困

命題：亨利・米勒*在《阿馬魯西奧的巨像》中，以最適切的文字描述了「貧困」遊戲的命題：「這個事一定發生在我毫無工作的決心，卻四處求職的那一年。這提醒我一件事，即使我認為自己孤注一擲，卻根本無心瀏覽報紙上的徵才廣告。」

「貧困」遊戲是「我只是想幫你」的對應遊戲之一，後者的玩家是以社福工作維生的人，而「貧困」遊戲的專業玩家，同樣也是依此為生。筆者接觸「貧困」遊戲的經驗有限，以下說明，則由我最傑出的學生之一，來闡述這個遊戲的本質及其

---

* 譯注：亨利・米勒（Henry Miller）是二十世紀重要美國文學家，作品極富爭議，在當時甚至被視為「下流著作」，無法在美國出版，直到一九六一年後才解禁。一九六〇年代的人認為，亨利・米勒是自由和性解放的先知。《阿馬魯西奧的巨像》（*The Colossus of Maroussi*）是米勒在一九四一年出版的作品，背景設定在一九三九年戰前的希臘，標題所指的巨像是詩人喬治・卡辛波利絲（George Katsimbalis）。

Games People Play. The Basic Handbook of Transactional Analysis

人間遊戲

在社會中的定位。

　　布萊克小姐是在社會福利機構任職的社工，該機構在獲得政府補助之下，宣稱其宗旨為重建貧民的經濟能力——實際上就是協助他們找到、並保有一份賺錢的工作。根據官方報告，機構中的個案持續「有所進展」，僅少數確實「恢復正常生活」。報告內容中宣稱，這種現象不難理解，因為多數個案長年仰賴社會福利，在各社福機構之間游離，可能甚至同時接觸五、六間社福機構，顯然是「棘手的個案」。

　　藉由曾接受過的遊戲分析訓練，布萊克小姐很快便意識到，機構裡的員工持續進行著「我只是想幫你」，她也很好奇個案如何回應。為了進一步確認，她每星期詢問手邊的個案，他們實際洽詢幾個工作機會。有趣的是，她發現，理論上受輔導個案理應日復一日、勤勉不懈地找工作，然而事實上，他們付出的心力極少，有時候他們象徵性地做做樣子更是令人感到諷刺。舉例來說，有個男性個案表示自己每天至少聯絡一則徵才廣告。「什麼樣的工作？」她問道。他說，他想投入銷售工作。「這是你唯一有興趣的工作類型嗎？」他回答，是的，但很可惜的是，他有口吃，妨礙了他追求自己選擇的職業。就在這個時候，她的主管注意到她所提的這些問題，訓斥她對個案「過度施壓」。

　　儘管如此，布萊克仍堅持己見，她想幫助某些個案恢復正常生活。她挑選出幾個體格健全、似乎也沒有正當理由繼續領

取救濟金的人。她和這些人談論「我只是想幫助你」和「貧困」遊戲。一旦他們同意遊戲的論點，她便表明，除非他們去找工作，否則她會終止救濟金，並將他們轉介至其他機構。其中一些人幾乎是立刻就找到工作，有些人甚至是數年來第一次工作。只是，她的態度令他們忿忿不平，甚至有人寫信向她的主管抱怨此事。而主管不但請她來，更嚴厲斥責她，雖然她手邊的個案已找到工作，但他們並不是「真的恢復正常生活」。主管意有所指地說，他們正在思考是否要讓她繼續留任。布萊克在不危及工作的範圍內，巧妙地試圖誘使主管回答，就機構的立場，該具備哪些要件才能構成「真的恢復正常生活」。這一點並未獲得澄清。她只是被告知，她對他人「過度施壓」，而多年來，這些個案第一次能夠維持家計也絕對不是她的功勞。

布萊克需要這份工作，然而她恐有失去工作之虞，幾個朋友決定伸出援手。一間身心科診所備受尊敬的負責人寫信給該主管，他表示，聽聞布萊克處理社福機構的個案頗有成效，並詢問不知她是否願意前來，在診所的會議上和同仁探討自己的發現。主管回絕了這項請求。

在這個案例中，由社福機構制定了「貧困」遊戲的規則，以配合「我只是想幫你」的部分規則。社工和個案之間存在一種心照不宣協議，解讀如下：

社工：「我會試著幫你。」（條件是你不能改善自身處境）

個案：「我會去找工作。」（條件是我不必找到任何工作）

　　一旦個案漸入佳境打破了協議，社福機構因此失去個案，個案也失去救濟金，雙方都感覺到自己遭到懲罰。或者，萬一社工如布萊克，因協助個案找到工作而破壞協議，社福機構便會因個案投訴而遭到懲罰，由此可能引起上級主管的注意，個案也會失去救濟金。

　　只要雙方遵守這未明說的規則，便可各取所需。個案一拿到救濟金，立刻意會到社福機構想要的回報：「觸及個案」（即「我只是想幫你」的部分內容）的機會，外加「臨床研究資料」（在「以個案為導向」的員工會議中發表）。個案樂於配合雙方需求，他和機構因而皆大歡喜。由此，雙方不但裡應外合，也不想終止這段令人滿意的關係。事實上，布萊克的做法是「收手」，而非「伸出援手」，倡議「以社群為導向」的員工會議，而非「以個案為導向」的會議。這無異於擾亂所有相關人士，儘管她這麼做，不過是遵循社福法規的宗旨罷了。

　　在此強調兩個重點。首先，「貧困」做為一種遊戲，而非因為生理、心理或經濟等方面的殘缺或匱乏而引發的狀態，只會出現在少數比例的社福個案中。再者，唯有接受過進行「我只是想幫你」的遊戲訓練的社工，才會進行「貧困」遊戲。其他社工其實無法接受。

　　同一類的遊戲包括「退伍軍人」（Veteran）遊戲和「診所」（Clinic）遊戲。「退伍軍人」同樣展現出一種共生關係，這一次，則是退伍軍人事務部、相關組織，以及一些依法享有特殊待遇

的「退伍職業軍人」。「診所」的玩家為大醫院裡的部分門診患者。不同於貧困遊戲或退伍軍人遊戲的玩家，診所遊戲玩家不會得到財務方面的報酬，而是其他好處。這些患者發揮了相當有幫助的社會目的，因為他們很樂意配合參與醫學人員的訓練以及疾病療程方面的研究。相對於這樣的付出，他們所獲得的成人自我狀態滿足感，是貧困遊戲和退伍軍人遊戲的玩家所無法感受到的。

反命題：必要時，反命題就是撤銷津貼。不同於其他多數遊戲的主要風險來自玩家本身，「貧困」的風險來自這個遊戲在生活方面的和諧，以及來自與其相對應的「我只是想幫你」遊戲玩家的滋養。反命題的威脅來自同樣專業的同仁、被激起的社會大眾、政府機關以及保護人們的工會。反「貧困」遊戲的行為所引發的怨言，有可能導致「對！你說的沒錯，竟然有這種事？」這類強烈抗議，而這類抗議，卻會被視為健全、具建設性的活動或消遣，即使偶爾壓抑了真正誠實的意見。事實上，美國民主自由的政治體系，便是建立在可自由提出質疑的許可上（許多其他政治體系可沒有）。少了這方面的許可，人道精神的社會進展可能就會受到嚴重阻礙。

4、鄉巴佬

命題：這個遊戲的原型是一個罹患關節炎的保加利亞村

婦，她賣掉唯一的母牛，以籌措前往位於首都索菲亞（Sofia）的大學醫院求診的費用。院裡的教授為她仔細檢查，發現這是個非常特殊的病例，決定讓她成為醫學院學生臨床教學的對象。醫學教授不只概述相關病理學、症狀以及診斷結果，也說明了治療方法。這個過程令她充滿了敬畏。村婦離院前，教授為她開立處方，並更進一步的解釋療程。她難以抑制對他豐富學識的景仰，脫口而出：「天啊，你真是太厲害了，教授！」然而，她從未服用處方藥。首先，她居住的村落沒有藥劑師；其次，就算有，她也絕對不會交出那張如此珍貴的處方箋。除此之外，她也沒有能力或設備執行其餘的治療方式，如健康飲食、水療法等。日子就這麼繼續下去，如今她依然不良於行，卻非常快樂，因為她大可四處向人炫耀，索菲亞城裡那了不起的教授特地為她治療、給她醫囑，她每夜都會在祈禱中表達自己的感激之情。

數年之後，這位醫學教授不情願地前往某地探視一個富有卻苛刻的患者，途中碰巧經過村婦居住的村落。她連忙來到他面前，親吻他的手，並對他說起，多年前他為她開立的神奇療法，他這才想起她。他大方地接受她的致意，尤其當她提到療法多麼有效時，他更是備感欣慰。事實上，醫生過於得意忘形，以致根本沒有注意到，她的雙腿依然不良於行。

在社交方面，「鄉巴佬」遊戲分為單純和虛偽兩種形式，而兩者的箴言都是：「天啊，你真是太厲害了，莫先生！（Gee,

you're wonderful, Mr. Murgatroyd!）。在單純的形式中，莫先生是真的很厲害。他是著名的詩人、畫家、慈善家或科學家，天真的年輕女性不時千里跋涉，只為了見他一面，滿臉崇拜地任他差遣，將他所有的不完美浪漫化。反觀深藏不露的女性，則是謹慎地展開行動，和他來一段地下情或結婚，但她也是由衷地景仰並欣賞這個男人，也可能完全看透他的缺點。她甚至有可能不惜利用他的缺點，只為了滿足自己的欲望。透過這兩種類型的女人，在過度浪漫或利用不完美之間，遊戲應運而生，而其中的單純在於她們對男人成就的真心推崇，讓她們得以正確評判。

在偽裝的形式中，莫先生可能是，也可能不是真的很厲害，卻意外認識了無論如何都無法欣賞他最好的一面的女性；也許她根本是個高級妓女，正在進行「我無足輕重」遊戲，「天啊，你真是太厲害了，莫先生！」不過是種奉承，藉此達到她的目的。骨子裡的她，根本搞不清楚他這個人，或暗自嘲笑他。但她完全不在乎他，她貪圖的，不過是他所帶來的種種好處。

而在臨床上，「鄉巴佬」也是以兩種類似的形式的進行，箴言都是「天啊，你真是太厲害了，莫先生！」。在單純的形式中，只要患者相信「天啊，你真是太厲害了，莫先生！」，患者的狀況有可能會比較穩定，因此，治療師無形中肩負起不管是在公私領域，都必須表現得體的重責大任。在偽裝的形式中，患者希望治療師配合她的「天啊，你真是太厲害了，莫先

生！」，而且認為「妳真是觀察敏銳」。倘若她成功請君入甕，會讓他顯得愚蠢，她也就順勢再找新的治療師，萬一他沒那麼輕易就範，也許就有辦法幫助她。

　　患者若想贏得「天啊，你真是太厲害了，莫先生！」，最簡單的方法就是不要改善自己的狀況。如果她不懷好意，有可能會採取更積極的手段，好讓治療師看起來愚蠢。有個女性曾和自己的精神科醫生進行「天啊，你真是太厲害了，莫先生！」，卻未見她症狀有任何改善；最終她還是離開他，徒留諸多敬意和歉意。之後，她求助於自己的教區牧師，也和他玩起「天啊，你真是太厲害了，莫先生！」。幾個星期後，她誘使牧師陷入第二度「挑逗」遊戲。接著，她懷著蓄意中傷的意圖，私下告訴鄰居，她非常失望，布萊克牧師這麼正直的男人竟然一時意志薄弱，對她這麼一個單純又毫無吸引力的女人調情。由於她認識布萊克牧師的妻子，當然願意原諒他，只是如此這般等等。這個祕密就這麼不小心洩漏了出去，也就在這個當下，她「驚恐地」想到，這個鄰居是教會裡的長老。面對她的精神科醫生，她獲勝的方法是不要改善自己的情況；面對牧師，雖然她不願承認，但她獲勝的方法是引誘他。第二個精神科醫生帶她加入治療小組，在那裡，她無法像從前一樣操弄，也無法在治療的過程中進行「天啊，你真是太厲害了，莫先生！」和「你真是觀察敏銳」。於是，她開始更審慎地檢視自己的行為，並在小組的協助下，她得以停止再玩「天啊，你真

是太厲害了，莫先生！」和「挑逗」這兩種遊戲。

反命題：治療師必須在最一開始便判斷患者進行遊戲的形式是否單純，依此，才能為患者做進一步的打算，直到她的成人自我狀態已準備就緒，足以承受反制對策所帶來的風險。如果遊戲形式不單純，反制對策應在第一個適當時機出現時立刻展開，等到患者準備就緒，便能理解目前的狀況。隨後，治療師堅決不提供建議，一旦患者對此提出異議，他才會清楚表明，這可不只是「撲克臉心理治療」遊戲，而是深思熟慮後的策略。等適當的時間一到，他一連串的拒絕不是激怒患者，就是引發激烈的焦慮症狀。下一步則取決於症狀惡化的程度。萬一她過於生氣苦惱，則應透過適當的精神病學或分析程序處理她的急性反應，才能重建治療環境。在偽裝的遊戲形式中，反命題的首要目標則是從偽善的兒童自我狀態中，分割出其成人自我狀態，才得以進行遊戲分析。

在社交場合中，應該避免和「天啊，你真是太厲害了，莫先生！」的單純玩家太過糾纏，一如所有神通廣大的演員經紀人總藉此讓客戶留下深刻的印象。另一方面，擅長進行「天啊，你真是太厲害了，莫先生！」虛偽形式的女性，若有辦法退出這個遊戲，偶爾會令人感覺相當機智、風趣，也可能會成為為家族帶來歡笑的人。

Games People Play. The Basic Handbook of Transactional Analysis

人間遊戲

▎5、心理治療

命題：做為程序的心理治療務必和做為遊戲的「心理治療」有所區隔。根據現有資料，亦即科學著作中所提出的正統臨床做法，其中，以下方法對治療精神疾病更具價值：休克療法*、催眠、藥物、精神分析、矯正精神醫學和團體治療；另有其他治療方法則較為少見，在此不多做討論。上述治療方法皆可用於「心理治療」遊戲，是基於「我是治療者」的立場，而治療者所憑恃的，便是那張執照：「這張執照，證明我是治療者。」必須強調的是，無論如何在任何情況下，這都是積極、具正面意義的立場，只要曾接受過專業訓練，「心理治療」遊戲的玩家便可完成許多很有幫助的事。

然而，對治療的熱情若能稍加節制，或許會對治療的結果有所幫助。很久以前，安布魯瓦茲‧帕雷**便說出了反命題的最佳論述。他曾說：「我治療患者，卻是上帝讓他們痊癒。」每個醫學院學生都聽聞過這句格言，以及其他諸如「不傷害病人」（primum non nocere）和一些詞語如「自癒力」（vis medicatrix

---

* 譯注：休克療法（shock therapy）是指使用胰島素導致病患昏迷，以治療精神症狀。除此之外，休克療法也用於經濟學，借用心理治療的概念，強調「即刻大規模的行為，在短時間內產生效果」。

** 譯注：安布魯瓦茲‧帕雷（Ambroise Paré）是十六世紀的外科醫生，被譽為現代外科和病理學之父，同時也是解剖學家，曾發明許多醫療器具。

naturae）。但是，非醫科出身的治療師並非都曾接觸過這些古老的訓誡。「這張執照，證明我是治療者」的立場相對薄弱，有可能會為另一種較具優勢的立場取代，像是：「我會應用所學，希望這些治療程序能夠改善病情。」這個立場得以避免某些遊戲發生的可能性，而這些遊戲，不外乎是基於以下立場：「我是治療者，如果你的症狀無法改善，那都是你的錯。」（例如，「我只是想幫你」），或者「你是治療者，我會為你逐漸好轉。」（例如，「鄉巴佬」）。所有這些，是每個有良知的治療師都知道的原則。當然了，任何一個在有信譽的診所負責處理個案的治療師，都曾被耳提面命告誡，必須清楚這些原則。換句話說，只要能夠讓旗下的治療師清楚認知上述原則，便是一間好的心理治療診所。

另一方面，「心理治療」遊戲容易出現在特定患者身上，他們曾經接受能力較不足的治療師治療。舉例而言，少數患者不但慎選軟弱的心理分析師，甚至一個換過一個，只為了證明自己無法痊癒，與此同時，學會進行愈來愈尖銳的「心理治療」遊戲；最終，即使最有經驗的臨床醫生也難以分清良莠。從患者的角度來看，「心理治療」遊戲的雙重交流為：

「成人」：「我來這裡，就是想要痊癒。」

「兒童」：「你永遠無法讓我痊癒，但你會教我如何成為更好的精神官能症患者（更會玩「心理治療」遊戲）。

「心理健康」（Mental Health）遊戲的進行方式極為相似；此

時，成人自我狀態的陳述是：「只要我好好實踐我讀到的和聽
到的心理健康準則，一切都會有所改善。」患者從一名治療師
身上學習到「心理治療」遊戲，再從另一名治療師身上學會「心
理健康」遊戲，之後再下一城，高明的「溝通分析」遊戲於焉
展開。一旦和她坦然的討論這件事，她會同意停止進行「心理
健康」遊戲，卻要求讓她繼續進行「心理治療」，因為這個遊
戲讓她感覺自在。精神科醫生同意了。隨後的數個月，她持續
每個星期和精神科醫生會面，重述並詮釋自己的夢境。最後，
也許多少出於單純的感激之情，她認定好好審視自己的狀況應
該非常有趣。她對溝通分析的態度認真了起來，也帶來正面的
結果。

　　「心理治療」的另一種變化形式是「考古學」（Archaeology）
遊戲（經舊金山諾曼・瑞德醫生〔Dr. Norman Reider〕同意以此
命名）。「考古學」的患者認為，一旦找到對的人或對的方法，
可以說，所有問題會在瞬間迎刃而解。其結果導致患者持續
沉溺在童年時期的遭遇。有時，治療師會上當，因而加入「批
判」（Critique）遊戲，由此，患者描述自己在不同狀況下的感
受，治療師則告訴她，這些感受映照出哪些問題。「自我表達」
（Self-Expression）則是一些治療團體常見的遊戲，立基於「任何
感受都是好的」的信念。例如，使用粗俗的字眼咒罵的患者可
能會獲得掌聲，或至少含蓄的讚賞。但是，經驗老道的治療團
體很快就會發現，這根本是個遊戲。

治療團體中的某些成員善於辨識「心理治療」遊戲，而且，會在短時間內讓新進成員知道，他們很清楚他是否正在進行「心理治療」或「溝通分析」遊戲，而不是運用團體治療的程序來取得正確的觀點。一名女性從某座城市的「自我表達」團體，轉至另一座城市中經驗更為豐富的心理治療團體之後，在團體裡訴說自己童年經歷過的亂倫關係。每一次，她只要訴說這個經常重複提起的故事，都能預期收到敬畏的反饋，未料她迎來的卻是冷漠，於是，她禁不住動怒。她意外發現，相較於過往的亂倫歷史，新成員更有興趣的是探討她在人際關係中的憤怒，她怒不可遏，打從心底的厲聲怒罵：指控他們根本不是佛洛伊德主義者。當然，佛洛伊德本人嚴肅看待精神分析，為了避免由此創造出相關遊戲，他不惜表明自己不是佛洛伊德主義者。

最近，我們也發現「心理治療」遊戲的另一種新的變化形，稱為「回答我」（Tell Me This）遊戲，和派對的消遣「二十題問答」（Twenty Questions）有些許相似。懷特正在敘述一場夢境或一起意外事故，其他成員，通常包括治療師在內，不時提出適切的問題來詮釋懷特所說的一切。只要懷特能夠回答，其他成員便繼續提出疑問，直到他們找到一個懷特無法回答的問題。隨後，布萊克靠向倚背，一副了然於胸的樣子，說：「啊哈！如果你能回答那個問題，絕對可以改善情況，我已經完成**自己**的使命了！」（這個遊戲也是「你為什麼不—是的，可是」的遠親）。若干治療團體幾乎完全仰賴「回答我」，而且可能持續數年，

未見明顯的改變或進展。舉例來說,「回答我」從未對懷特(患者)多所限制,或者讓他在備感徒勞的情緒下參與其中,或者,他大可反擊,回答所有的問題,其他玩家很快就會流露出憤怒和沮喪的情緒,因為懷特無疑向他們宣示:「我已經回答你們所有的問題,你們卻無法讓我痊癒,所以你們到底有什麼用?」

「回答我」也出現在教室裡,某一類的老師提出開放性問題,而學生也都很清楚,所謂的「正確」答案不是經由整合事實資料找出來,而是經由猜測或臆想出幾種可能的答案,在這種情況下,老師才會感到心滿意足。另一種賣弄學問的變化形則發生在希臘文課堂;老師總是占上風,針對問題,他手指文本中艱澀難懂的環節便找出答案,由此不但讓學生看起來非常愚蠢,也證明學生確實愚蠢。這種遊戲通常也出現在希伯來文課堂。

▍6、笨蛋

命題:在溫和的形式中,「笨蛋」遊戲的命題是「我和你一起嘲笑我的笨拙和愚蠢」。反觀,嚴重心理失衡的人態度則顯得沉悶,並表明「我很笨,我就是這樣,所以你要幫我。」兩種形式都來自抑鬱狀態。「笨蛋」和「幫倒忙」兩者有所區別,後者的玩家立場較為激進,其拙劣的言行有著尋求原諒的企圖。而「笨蛋」遊戲和「小丑」(Clown)也不同,因為「小丑」

是一種消遣，主要是為了強化「我不但可愛而且無害」的立場。「笨蛋」的關鍵交流是懷特任由布萊克視他為笨蛋，或者以其他反應方式表達懷特一副非常愚蠢的樣子。因此，懷特的行為如同「幫倒忙」的人，但他不請求原諒；事實上，原諒反而讓他不自在，因為這威脅到他的立場。又或者，懷特的行為舉止滑稽，卻完全看不出他是在開玩笑；懷特希望別人認真看待他的行為，藉此證明他真的很笨。只要懷特學習效果愈差，遊戲的成效愈高，便可創造出相當可觀的外在好處。於是，在求學時期，他大可不必認真念書，工作之後，也不需要脫離自己原本的軌道，提升任何幫助晉升的能力。早年，他便已明白，只要他一直很笨，其他人就會對他很滿意，儘管他們一副不以為然的樣子。而面對壓力時，一旦他決心克服難關，他們無疑會感到驚訝，因為這一切完全證明了懷特一點也不笨——就像童話故事中，年幼又「愚笨」的小兒子。

反命題：溫和形式的反命題不難：不參與遊戲、不嘲笑他的笨拙，或不抱怨這些愚蠢的言行，反命題玩家便能結交到一生的朋友。「笨蛋」遊戲的其中一個細節在於，玩家大多為循環性情緒障礙（Cyclothymia）或躁鬱症患者*。他們心情好的時候，看起來一副很想要同伴一起加入嘲笑自己的行列的樣子。

* 譯注：躁鬱症（manic depression），即現代精神醫學所稱呼的雙極性疾患（bipolar disorder）。此書於一九六四年出版，伯恩使用的詞彙較早，譯者選擇保留其時代用語。

一般而言，旁人難以拒絕，因為他們給人的印象是，他們會對這些未樂在其中的人心生怨懟——某種程度上，他們確實忿忿不平，因為這些不參與遊戲的人已威脅到玩家的立場，也破壞了遊戲。但是，當玩家陷入憂鬱狀態，會對一起嘲笑自己或嘲笑自己的人明確表達其憤怒之情，與此同時，未加入嘲笑行列的人就會知道自己的反應並沒有錯。當玩家想獨處時，他就有可能會是玩家唯一想往來或交談的對象，從前那些和他一起樂在遊戲中的「朋友」，如今都變成敵人了。

告訴懷特他並不愚蠢是沒有用的。他的理解能力可能相當有限，對此也有自知之明，遊戲便是由此展開的。但是，他或許在一些特殊領域相當傑出：通常是在心理洞察這方面。對他的天資表現出敬意無傷大雅，只是這和不得要領的試圖「安慰」截然不同。安慰或許為他帶來些許苦澀的滿足，他因此理解到其他人甚至比他更愚蠢，但這也不過是渺小的慰藉。這類「安慰」確實不是最理性的治療程序；一般而言，「安慰」是「我只是想幫你」中的一種行動。而反命題並不是用另一個遊戲來取代「笨蛋」遊戲，而是單純地戒除之。

陰沉形式的反命題是更為複雜的問題，因為抑鬱的玩家想激起的反應不是嘲笑或譏諷，而是無助或不滿，他已經準備好面對「幫助我」的挑戰。無論如何，他都會獲勝。如果布萊克決定袖手旁觀，那是因為他覺得無能為力；倘若布萊克伸手救援，代表他被激怒了。因此，這些玩家也有進行「你為什麼不

一是的，可是」的傾向，由此，他們可以獲得與溫和形式的玩家一樣的滿足感。這類病例沒有簡單的處理方法，直到更明確地理解「笨蛋」遊戲的心理動力之前，也難找到立即性的解決之道。

▌7、義肢

「義肢」遊戲最激烈的形式是「精神異常抗辯」，若以人際溝通的方式表達則如：「像我這種有情緒礙障的人，你能期望我什麼——要我克制，不要去殺人？」陪審團當下的回應則是：「當然不是，我們很難這麼強制規範你！」美國文化接受被視為法庭遊戲之一的「精神異常抗辯」，這不同於幾乎普世推崇的原則，亦即一個人承受身心疾病嚴重的折磨，以至於有理智的人都不會要求他為自己的行為負責。而在日本酒後亂性，或在俄羅斯戰時曾從軍等，都被當作是逃避對各種離譜行為責任的合理藉口（根據筆者所得到的資訊）。

「義肢」的命題是「你怎麼可以要求裝義肢的人？」這麼說好了，除了幫自己推輪椅之外，想必沒有人會要求裝義肢的人做些什麼。但是，第二次世界大戰期間，在美國軍方醫院截肢中心有個裝義肢的人，經常示範表演吉魯巴舞，而且是非常厲害的吉魯巴舞。還有盲人從事律師的工作、掌理行政機關（筆者居住地的現任市長便是），或者聾人擔任治療師，以及失

去手臂之後仍有辦法使用打字機的人。

無論一個人的殘疾是真實、誇大，甚至想像的，只要他樂於接受命運，其他人或許不該介入。然而，一旦他尋求心理治療，就會引發質疑，他是否利用自己的人生際遇，尋求最大的利益，以及他能否克服殘疾？在美國，治療師的因應之道向來得面對大量的公眾意見。即便是曾經高聲抱怨患者的病症如何導致生活不便的親屬，一旦患者有顯著的改善，他們最終還是會抨擊治療師。雖然，在遊戲分析領域中，這種現象非常容易理解，卻無法減輕治療師的難處。如果患者展現出想要獨立自主的跡象，「我只是想幫你」的所有玩家迫於隨之而來的挫敗感威脅，有時，他們甚至透過令人難以置信的手段來終止治療。

討論「貧困」遊戲時曾提到，布萊克女士有個患口吃的個案，該個案就能闡釋上述兩種立場。這名男性所進行的，即為典型的「義肢」遊戲。他找不到工作，他歸咎於口吃的事實，因為他唯一有興趣的工作是銷售人員。身為享有自由的美國公民，他有權尋找自己喜歡的任何一種職業，可惜的是，他患有口吃，他的選擇啟人疑竇，不知其動機是否單純。當布萊克企圖瓦解個案的遊戲時，以助人為本的社福機構的反應，對她而言相當不利。

在臨床上，「義肢」更是帶來反效果，因為患者找到的治療師可能也以完全相同的措詞進行著同樣的遊戲，以致無法有任何進展。治療師可以相對輕易地訴諸「意識形態的抗辯」，

也就是「你對生活在我們這個社會的人有什麼期望？」有個患者結合了「意識形態的抗辯」和「身心失調的抗辯」，主張「你對一個有身心症的人能有什麼期望？」只是，患者接連地發現，治療師通常只能接受其中一種辯解，所以沒有任何一個治療師願意同時接納兩種，好讓身處目前立場上的他感覺自在，或者同時拒絕兩種辯解，藉此讓他轉變想法。他因而認為，心理治療一無是處。

患者為病症行為所找的藉口包括感冒、頭部外傷、環境壓力、現代生活壓力、美國文化以及經濟體系。知識水平高的玩家不費吹灰之力便可找到支持自己的論點。「我喝酒，因為我是愛爾蘭人。」「我要是住在俄羅斯或大溪地，就不會發生這種事。」事實上，俄羅斯和大溪地的精神科院所裡的患者，和美國州立醫院裡的患者幾乎沒什麼兩樣。[1] 臨床上，有關「要不是為了他們」或「他們讓我失望」的特殊辯解方式，是有必要謹慎評估的——在社會研究計畫中，亦是如此。

稍微複雜一點的辯解包括：你怎麼可以要求一個（a）來自破碎家庭的人；（b）罹患精神官能症的人；（c）正接受精神分析的人；（d）承受酒精中毒折磨的男人。而這些辯解，無不置於「如果我停止這一切，我就無法分析現況，然後我永遠都無法好起來」這個說詞的保護傘之下。

「義肢」的相對應遊戲為「人力車」（Rickshaw），其命題為「如果這座城市有（人力車／鴨嘴獸／會說古埃及語的女孩），

Games People Play. The Basic Handbook of Transactional Analysis

人間遊戲

我就不會這麼辛苦了」。

　　反命題：反「義肢」遊戲並不難，只要治療師能夠清楚分辨自己的父母自我狀態和成人自我狀態，同時，治療師和患者兩者皆清楚理解治療的目標。

　　在父母自我狀態這一面，治療師可以是「慈祥」的父母自我狀態或「嚴厲」的父母自我狀態。身為「慈祥」的「父母」，他接受患者的辯解，尤其是這些辯解和他自身的觀點一致時，或許還會過度合理化的認定，患者在完成他們的治療之前，無法替自身的行為負責。身為「嚴厲」的「父母」，治療師悍然否定患者的辯解，致力於和患者之間的意志之爭。「義肢」遊戲的玩家相當熟悉上述兩種態度，也深知如何從中獲取最大的滿足。

　　在成人自我狀態這一面，治療師拒絕上述兩種自我狀態提供的辯解機會。如果患者提問：「你對一個精神官能症患者能有什麼期望？」（或其他他當下提出的任何理由）答覆便是：「我沒期待什麼。問題是，你對自己有什麼期望？」治療師的唯一要求，是患者認真回答這個問題，而他唯一的讓步，是給患者足夠的時間尋找答案：從六週到六個月不等，這取決於治療師和患者之間的關係，以及患者事前的心理準備。

參考資料

1　Berne, E. "The Cultural Problem: Psychopathology in Tahiti." *American Journal of Psychiatry*. 116: 1076-1081, 1960.

12 | 善行遊戲
Good Games

　　精神科醫生擁有最理想，也可能是唯一的位置充分研究心理遊戲，不幸的是，他們面對的患者，幾乎都在進行各種心理遊戲，致使他們陷入困境。這也意謂著，提供臨床研究的心理遊戲，就某些意義上看來，都屬於「有害的」。依照定義，心理遊戲奠基於曖昧的交流，必然有特定的利用元素。基於上述兩個理由，一為實務上的，一為理論上的，尋找「正面的」心理遊戲變成一場極具難度的探索。所謂「正面的」心理遊戲，對人際互動的價值或許高於其動機的複雜程度，尤其是玩家已接受遊戲動機，而不致有徒勞或憤世嫉俗的感受。換言之，一個「正面的」心理遊戲可同時造福其他玩家，並揭示遊戲的主角。雖然身處於最完美的社會行動形式和組織形式中，人們仍將大部分的時間用在進行心理遊戲，也應該不遺餘力地尋找「正面的」心理遊戲。以下提供幾個例子，只是無可否認的是，其量和品質仍有待改進。其中包括「公車司機的假期」（〔Busman's Holiday〕這個詞的原意為照常工作的假日）、「護花使者」（Cavalier）、「樂於助人」（Happy to Help）、「和善的聖人」（Homely Sage），

以及「他們會慶幸認識了我」(They'll Be Glad They Knew Me)。

1、公車司機的假期

命題：嚴格來說，「公車司機的假期」不是遊戲，而是一種消遣，而且顯然對所有參與者極具建設性。一個美國郵差前往東京，協助一個日本郵差挨家挨戶地送信，或者一名美國耳鼻喉科專家利用自己的假期到一家位於海地的醫院服務，他們可能覺得再次恢復活力，也因此有了一段美好的體驗向他人訴說，猶如去非洲打獵或駕車穿越過州際公路。如今，和平工作團(The Peace Corps)官方也認可了「公車司機的假期」遊戲。

然而，「公車司機的假期」之所以成為遊戲，在於就某些曖昧動機而言，這份工作不過是次要的，承擔這份工作，只是做為完成某件事的一種證明。即便如此，為了完成其他活動（或許也是有建設性的活動），遊戲依舊有其正面特質，且仍不失為較值得讚賞的一種表象。

2、護花使者

命題：這個遊戲的玩家是性生活沒有壓力的男性──其中的少數為對婚姻或地下情極為滿足的年輕男性，絕大多數則是認命安於婚姻生活或單身生活的年長男性。在意外認識了一名

意氣相投的女性後，懷特把握每一次機會評論她的優點，卻從
不逾越符合她的身分地位、社交圈以及高雅得體的界限。但在
界線之內，他容許自己放手一搏，充分發揮創意、熱情和獨特
性。懷特意在展現自己在讚美的藝術這方面的精湛技巧，不在
誘惑。「護花使者」的社交層面的內在好處在於藉由這純真的
藝術，不但讓女性感到愉悅，懷特也因她對他技巧的讚賞所做
出的回應而感到開心。在適當的條件下，一旦雙方都意識到遊
戲的本質，遊戲便會兀自發展，雙方因而獲得更多的樂趣，直
到快要超出界限為止。深諳世道的男人，當然知道何時該適可
而止，停止討好她（為了她好），或者何時減少恭維（為了維
護他引以為傲的讚美技巧）。至於詩人，他們之所以進行「護
花使者」，是為了其社交層面的外在好處，相較於啟發他們靈
感的女性所做出的回應，他們感興趣的，或者說，更感興趣的，
是有質量的批評和所有社會大眾的觀感。

　　歐洲的浪漫故事中，又或者英國的詩裡，似乎都比美國人
更善於表現這個遊戲。美國的詩作已經大量淪為水果攤流派：
妳的眼猶如酪梨，妳的脣彷彿黃瓜，諸如此類。水果攤類型的
「護花使者」，其優雅程度無法和羅伯・海瑞克和理察・拉夫利
斯等人相提並論，甚至比不上羅徹斯特伯爵、羅斯康門伯爵和
多塞特等人憤世嫉俗卻又充滿想像力的作品。*

　　反命題：女性想要成功扮演自己的角色，多少要有點社會
歷練，而且對此極為反感或無知，才能完全拒絕「護花使者」。

適度的讚美其實是「天啊，你真是太厲害了，莫先生！」的變化形，也就是「我很欣賞你的作品，莫先生」。如果這名女性性情冷淡或無感，她或許會以一般的「天啊，你太厲害了，莫先生！」來回應，即便如此，卻未抓到重點：懷特想要的，不是對他的賞識，而是他的詩作。而殘酷的反命題則是由繃著臉的女性所進行第二度「挑逗」（小子，滾開！）。不難想像，在這種情況下，第三度「挑逗」理所當然是難以言喻的惡劣回應。如果女人只是單純的無知，她會進行第一度「挑逗」遊戲，用懷特的讚美滋養自己的虛榮心，刻意忽視懷特的創意和能力。一般而言，如果女性視懷特的讚美為一種誘惑，而非文學創作展，便等同於摧毀了遊戲。

相關遊戲：「護花使者」做為一種遊戲，有必要和坦率追

* 譯注：羅伯‧海瑞克（Robert Herrick, 1591-1674），十七世紀英國詩人，知名詩句為「把握機會，摘取玫瑰」（Gather ye rosebuds while ye may），意境接近「有花堪折直須折」。

理察‧拉夫利斯（Richard Lovelace, 1617-1657），十七世紀英國詩人，曾經參與英國內戰，隸屬保皇派（騎士黨），本人重視榮譽，也因此寫出「親愛的，我愛妳，就像我愛榮譽」等詩句。

伯恩在此提到的羅徹斯特（Rochester）為羅徹斯特伯爵二世，本名約翰‧威爾默特（John Wilmot），是十七世紀的英格蘭傳奇人物，也是英王查理二世的寵臣，生活放蕩，創作的詩歌以諷刺和下流聞名。

此處羅斯康門伯爵（Roscommon）應是十七世紀的愛爾蘭貴族、詩人，本名溫特沃斯‧狄龍（Wentworth Dillon）。

多塞特（Dorset）的方言詩人威廉‧巴恩斯（William Barnes），創作超過八百首詩。

求異性而表現出的操作和程序有所區分，因為追求是單純的交流，沒有任何曖昧動機。女性版本的「護花使者」有時會以「布拉尼」（Blarney）稱之*，因為經常可見近遲暮之年的愛爾蘭女性，殷勤地和男人們玩起這個遊戲。

部分分析

目標：相互欣賞。

角色：詩人、受到欣賞的對象。

社會典範：「成人—成人」。

「成人」（男性）：「看看我可以讓妳多開心。」

「成人」（女性）：「天啊，你這個人真是，但你讓我很開心。」

心理典範：「兒童—兒童」。

「兒童」（男性）：「看看我多會寫。」

「兒童」（女性）：「天啊，你這個人真是，但你確實很有創意。」

好處：（1）心理層面的內在好處——創造力以及吸引力的再保證。（2）心理層面的外在好處——避免拒絕不必要的性挑逗。（3）社會層面的內在好處——「護花使者」。（4）社會層面的外在好處——我可以馴服她們。（5）生物需求的好處——

---

* 譯注：布拉尼源於愛爾蘭「布拉尼石」（巧言石）。根據民間傳說，親吻布拉尼石，可以獲得強大的奉承讚美能力。

相互安撫。（6）存在需求的好處——我可以享受優雅生活。

3、樂於助人

　　命題：基於某種曖昧不明的動機，懷特向來樂於助人。他可能是為了彌補過去犯下的惡行，或者為了粉飾如今犯下的錯，而結交朋友也只是為了往後利用他們，甚至建立自己的名望。但質疑其動機的同時，也勢必會讚賞他的作為。畢竟，一個人確實可以變得更可惡來遮掩過去的罪行，也能藉由恐懼利用他人，而非慷慨待人，建立名望則是為了邪惡的用途，而非做善事。有些慈善家真正有興趣的，是競爭，而非裨益社會：「我捐的錢（藝術品、土地）比你多。」同樣的，一旦他們的動機遭到質疑，他們的行為依舊受到肯定，因為這是一種良性競爭，反觀許多人競爭都只會帶來毀滅。多數「樂於助人」的玩家（或複數玩家）結交朋友，也樹立敵人，而他們認為這兩者都是自己應得的。敵人批評他們的動機，貶抑他們的行為，朋友則感謝他們的行為，不在乎他們的動機。因此，「樂於助人」無法進行所謂的「客觀」討論。宣稱自己保持中立的人，很快就會洩漏自己是站在哪一邊。

　　做為利用他人的操弄手段，「樂於助人」已然成為美國「公共關係」的基本準則。然而，也可能是最討喜、最正面的商業遊戲，顧客甚至樂於介入其中。但從另一種關係來看，「樂於

助人」最為人詬病的形式之一，便是三人家庭遊戲，父親和母親相互爭奪子女的喜愛。即便如此，也必須強調，一旦玩家選擇進行「樂於助人」，至少已摒除掉一些令人不快的競爭，畢竟在家庭關係中，還有那麼多不健康的競爭方式——例如，「媽媽的病情比爸爸更嚴重」，或者「你為什麼更愛的是爸爸，而不是我？」

▌4、和善的聖人

命題：與其說「和善的聖人」是遊戲，不如說是腳本，但確實也具備遊戲性質的面向。一名有教養、有歷練的男人，在自身專長之外，盡可能地吸收各種知識。屆齡退休之際，原本在大都會區擔任要職的他，卻搬到一處小鎮。消息很快地傳開，小鎮居民有任何問題都可以去找他，舉凡引擎傳出劇烈聲響，乃至年邁的親人，他會就能力所及出手相助，或者推薦專業人士給他們。不久，他意識到自己變成新居附近「和善的聖人」，從不推辭；此外，也樂於傾聽。「和善的聖人」最好的形式是，玩家竭盡心力尋求精神科醫生的協助，審視自己的動機，學習在定位自己的角色之前，避免犯下各種錯誤。

5、他們會慶幸認識了我

　　命題：這個遊戲是「我會要他們好看」（I'll Show Them）更值得推崇的變化形。「我會要他們好看」有兩種形式。在具毀滅性的形式中，懷特藉傷害予以他人打擊，好「讓他們好看」。因此，他可能進行策畫，讓自己站在更有利的位置，他之所以這麼做，不是為了名望或實際的報酬，而是為了獲得宣洩內心怨懟的力量。在正面的形式中，懷特努力工作，勞心勞力希冀獲得正面評價，他之所以這麼做，不是為了精益求精或什麼正當理由的成就（雖然，這有可能是次要任務），也不是為了將傷害加諸在敵人身上，而是要讓他們吞下嫉妒和悔恨，只因曾經未能善待懷特。

　　在「他們會慶幸認識了我」中，懷特努力付出，不是為了防備以前的同事，而為他們好。他要讓他們知道，他們確實有理由善待他、尊敬他，為了令他們備感欣慰，他以此向他們證明，他們的評價相當合理。對他而言，無論手段或目標必須光明正大，以求勝券在握，也因此，這個遊戲比「我會要他們好看」更為傑出。「我會要他們好看」和「他們會慶幸認識了我」都可能是追求成功的過程中的次要好處，而不是遊戲。唯有懷特重視敵人所受到的影響，更甚於成功本身之際，方成為心理遊戲。

PART

III

Beyond Games
不只是心理遊戲

13 | 心理遊戲的重要意義
The Significance of Games

1. 心理遊戲可說是代代相傳。深受個人喜愛的心理遊戲可追溯至他的父母以及祖父母，同時傳承給他的孩子；除非成功介入，否則，他的孩子仍會依此教導他的孫子。因此，遊戲分析的發展有其不容小覷的歷史脈絡，顯然可追溯至一百年前，據信至少還會有五十年的發展。打破涉及五個世代以上的遊戲枷鎖，其所帶來的影響，可能必須以等比級數來計算。有些人的家族後裔甚至多達兩百人以上。在世代傳承之間，遊戲或許有所淡化或改變，但遊戲似乎有種強烈的同系繁衍傾向，即使不是同一種類型的遊戲，只要屬於同一遊戲譜系，就可能產生繁衍現象。這就是心理遊戲的歷史意義。

2. 基本上，「養育」孩子關乎教導他們要進行哪些心理遊戲。文化不同、社會階級不同，喜歡的遊戲類型也就不同，不同的部族以及不同的家庭也鍾愛不同的遊戲變化形。這就是心理遊戲的文化意義。

3. 正如過去，心理遊戲像三明治一樣，被夾在消遣和親密關係之間。消遣因為反覆進行而產生無聊的感覺，一如慶祝升

職的雞尾酒派對。親密關係則力求態度慎重,且會因父母自我狀態、成人自我狀態和兒童自我狀態的不同而有所差別。社會大眾無法接受坦率的討論親密關係,除非是在私人領域裡;有見識的人也很清楚,親密關係經常遭到濫用;兒童自我狀態因為親密關係所意謂著的揭露本質而對此感到恐懼。因此,為了避免消遣造成的倦怠無趣,同時防範自己遭受親密關係的危害,許多人在可能的情況下,選擇妥協於心理遊戲,於是心理遊戲成為社交最充滿樂趣的時刻。這就是心理遊戲的社會意義。

　　4. 人類挑選進行同一種心理遊戲的人做為朋友、同事和親密伴侶。因此,在特定社交圈(特權階級、青少年幫派、俱樂部和大學校園等)中,「每一個重要人物」的言行,在另一個不同社交圈中的成員看來,也許都顯得太過不尋常。反之,社交圈中的任何一個成員一旦改變自己的遊戲,極有可能會被逐出圈外,但他也將會發現,其他社交圈很歡迎他。這就是心理遊戲對個人的意義。

註記

至此,讀者應該已經能夠理解數學賽局理論(mathematical game analysis)和人際溝通遊戲分析(transactional game analysis)的基本差異。數學賽局理論假設玩家都是完全理性。人際溝通遊戲分析所面對的玩家,則無關乎理性,甚至可說是不理性,因而更顯真實。

14 | 所謂玩家
The Players

　　心智不穩定的玩家所進行的多數心理遊戲，大多顯得分外劇烈；一般而言，他們的心智愈紊亂，遊戲愈是激烈。然而，令人費解的是，有些思覺失調症患者似乎拒絕遊戲，而從一開始就要求坦率。日常生活中，最堅定的玩家大致有兩種，分別是慍怒的人，以及怪人或老古板。

　　慍怒的人是指對母親感到憤怒的人。研究調查顯示，他自童年早期便開始對母親生氣。對於他的憤怒，他總有非常好的兒童自我狀態的理由：母親可能在他童年的某個關鍵時刻，以生病就醫的理由「遺棄」他，或者生育太多手足。有時，遺棄是有意為之；她可能為了再婚，而把他交由他人照顧。無論如何，男孩自此生起悶氣。他壓根不喜歡女人，雖然他很可能是情聖唐璜。既然生悶氣在最一開始是刻意為之的行為，意謂著可以在生命中的任何時期扭轉，一如每到晚餐時間，孩子的心情就會有所轉變。成年人和兒童扭轉慍怒的需求相同。他必須能夠保存顏面，同時，他也必須獲得等值的事物以做為放棄慍怒特權的交換。有時，可藉由扭轉慍怒的情緒中止「心理治療」遊戲，否則這個遊戲可能維持數年。但是，整個過程必須天時

地利人和，包括患者已做好周全的準備，以及適當的時機和方法。萬一治療師的處理方式笨拙，或太過強勢乃至有霸凌之嫌，治療結果不會比一個慍怒的小男孩好多少；最後，患者會要治療師因為錯誤的治療行為而付出代價，就像小男孩最終必定報復他那不夠格的父母。

　　而慍怒的女性其狀況和男性相同，要是她們感到憤怒的對象是父親，狀況只會略有不同。她們的「義肢」遊戲（「你怎麼可以要求有這種父親的女人？」）必須由男性治療師以更為圓融的方式處理。否則，女性患者可能會將男性治療師丟進「和父親根本一丘之貉」的垃圾桶裡。

　　每個人多少有些「怪」，而遊戲分析的目標是至少要保有這項特質。「怪人」是指對父母自我狀態的影響太過敏感的人。因此，他的「成人」資訊處理過程和「兒童」的自發性反應在關鍵時刻很可能受到干擾，導致不適當或笨拙的行為。在極端的情境中，怪人也會結合「馬屁精」（toady）、「愛炫耀的人」（show-off）以及「依戀者」（cling）。「怪人」不得和思緒混亂的思覺失調症患者有所混淆，後者的父母自我狀態無法運作，而成人自我狀態也幾乎毫無功能，導致他必須以陷入混亂的兒童自我狀態面對世界。有趣的是，英文中，怪人（jerk）一詞限於形容男性，僅少數用在形容太過陽剛的女性。而「一本正經」（prig）的意思，比較像是「老古板」（squre），而不是「怪人」，大多用於形容女性，偶爾用來指稱較陰柔的男性。

15 | 範例分析
A Paradigm

請思考以下患者和治療師之間的對話：

患者：「我有一個全新的計畫──那就是，我要守時。」

醫生：「我會盡量配合妳。」

患者：「我才不在乎你，我這麼做是為了自己⋯⋯你知道我的歷史科成績嗎？」

醫生：「B+。」

患者：「你怎麼知道？

醫生：「因為妳害怕得到A。」

患者：「沒錯，我原本可以得到A，但我重新檢查考卷，劃掉了三個正確答案，寫上三個錯誤的。」

醫生：「我喜歡我們的對話，一點也不像怪人。」

患者：「你知道嗎，昨晚我認真想了一下自己有沒有進步，我覺得，我現在只是一個百分之十七的怪人。」

醫生：「好吧，到今天早上為止，妳只是百分之零的怪人，所以，下次妳來，妳有權成為百分之三十四的怪人。」

　　患者：「一切要從六個月前說起，當時，我看著自己的咖啡壺，那是我第一次真正看見它。你很清楚我目前的狀況，我可以聽見鳥兒歌唱，我確實看見其他人，他們就站在那裡，都是真正的人，更棒的是，我也在那裡。我不只是在那兒，此時此刻，我就在這裡。前幾天，我在一間藝廊裡，站在一幅畫作前觀賞，一個男人走了過來，他說：『高更很棒，對吧？』我立刻回答：『你也很不錯。』於是我們一起離開藝廊去喝酒，他真是好男人。」

　　這段對話，一點也不像怪人之間的，也並不屬於遊戲，對話雙方為兩個獨立自主的成人自我狀態，依循以下注解：

　　「我有個全新的計畫——那就是，我要守時。」患者的宣言代表一個事實：她幾乎每一次都遲到。而這一次她準時了。如果嚴格守時是無可撼動的決心，一種「意志力」行動，一種父母自我狀態對兒童自我狀態的強加干預，其最終目的只是為了打破，那麼在此之前，她會聲稱：「這是我最後一次遲到。」這意謂著她企圖展開一個遊戲。然她的宣言並非如此，而是成人自我狀態衡量過後的決定、一項計畫，不是什麼無法撼動的決心。她會繼續保持準時。

　　「我會盡量配合妳。」這非但不是「支持」的言論，也不是即將展開新遊戲「我只是想幫你」的第一步。患者預約掛號的時間正好在治療師的休息時間之後。由於她習慣性遲到，他也

就漸漸養成了不慌不忙、無法準時回到診間的習慣。她宣言一出，他很清楚她是認真的，便也自行下定決心。這段交流，其實是雙方成人自我狀態簽下契約，而非患者的兒童自我狀態試圖戲弄一個代表父母自我狀態的人物，因為治療師的立場迫使他扮演「好爸爸」，並表示自己願意配合。

「我才不在乎你。」強調她的守時是一個衡量過後的決定，不是無可撼動的決心，並利用這個決心，進行一種假意抱怨、實則另有所圖的遊戲。

「你知道我的歷史科成績嗎？」雙方都非常清楚這是一種消遣，也都樂於沉迷其中。治療師沒有必要告知患者，他已警覺到「這是消遣」，因為她也知道，她也無須克制自己悠遊其中，因為這不過是一種消遣。

「B+。」治療師評估她的狀況後，認為這是唯一可能的答案，沒必要不誠實以對。太過刻意的謹言慎行或害怕猜錯，可能導致他假裝自己毫無頭緒。

「你怎麼知道？」這是成人自我狀態的提問，不是「天啊！你真是太厲害了」遊戲，值得對方中肯地回答。

「沒錯，我原本可以得到 A。」才這是真正的測驗。患者並沒有因強辯或推託之詞而悶悶不樂了起來，她反而誠實面對自己的兒童自我狀態。

「我喜歡我們的對話。」這個回答以及後續半開玩笑的評論，則是表達成人自我狀態的相互尊重，或許略有父母自我

狀態對兒童自我狀態的消遣，和上述「你知道我的歷史科成績嗎？」一樣，兩人都是隨心所欲，而且他們也都知情。

「那是我第一次真正看見它。」如今，她有能力以自己的感知觀察世界，不再被迫以父母要求的方式觀賞咖啡壺和他人。「此時此刻，我就在這裡。」意謂著她不再活在未來或過去，卻又可以簡要地討論兩者，只要討論有其意義。

「我立刻回答：『你也很不錯。』」她不需要浪費時間和這個剛來的男人進行「藝廊」（Art Gallery）遊戲，雖然只要她想，她也可以選擇這麼做。

至於治療師，他不覺得自己被迫進行「心理治療」。在這段對話中，他有幾次機會可以提出心理防禦、轉移話題以及象徵性詮釋等問題，他卻順其自然，且未顯焦慮。而釐清她在測驗中劃掉哪幾個答案以做為下一步療程的參考，也的確是相當值得的。可惜的是，在這次療程的剩餘時間裡，患者和治療師時不時地流露出他們各自仍是百分之十七、百分之十八的怪人。總而言之，上述對話過程構成了一種受到消遣所啟發的活動。

16 | 自主性

Autonomy

　　自主性的實現，表現在以下三種能力的流露或修復：覺察（awareness）、自發（spontaneity）和親密（intimacy）。

　　覺察：覺察意謂著一個人以自己的方式，而非被教導的方式觀看咖啡壺、聆聽鳥鳴。我們可以合理假設，嬰兒視覺和聽覺的感受度更勝於成人[1]，尤其是出生後的第一年，他們多以美感來感受，而非理解力。小男孩雀躍地觀看小鳥、聆聽鳥鳴，而後，「好爸爸」來了，他覺得應該「分享」自身經驗，協助兒子「成長」。於是，他說：「這是松鴉，那是麻雀。」這一時刻，小男孩所關注的是，哪一隻是松鴉、哪一隻是麻雀，他已經沒有辦法再觀看小鳥、聆聽鳥鳴了。小男孩用父親所要求的方式觀看、聆聽。對父親而言，他有足夠的理由這麼做，畢竟，幾乎沒有人可以仰賴聆聽鳥鳴度過一生，小男孩愈早接受「教育」愈好。也許，他長大後會成為鳥類學家。但是，很少人能夠保有這原始的方式來觀看和聆聽。大多數的人早已失去成為畫家、詩人或音樂家的能力，即使能力許可，他們也沒有直接觀看和聆聽的選項，唯有仰賴間接的方式。這類能力的

修復，稱之為「覺察」。從生理學的角度而言，覺察是一種直觀感知（eidetic perception），與直觀心像（eidetic imagery）非常相似 [2]。或許，在味覺、嗅覺和肌肉運動知覺（kinesthesia）的領域中，也有所謂的直觀感知，至少某些人擁有這種能力，才會有該領域的藝術家：像是主廚、調香師以及舞蹈家，而他們的永恆問題即是尋找有能力欣賞其創作的觀眾。

覺察的必要條件是必須活在此時此地，而不是其他地方，例如過去和未來。以美國而言，最適當的實例之一，便是一早急忙開車上班。關鍵的問題是：「如果一個人的身體在這裡，他的心智又在何處？」幾種常見的情境如下。

1. 一個以準時為最高準則的人，他的心智就在最遙遠的地方。他的身體在車子裡，心智卻在辦公室門口，他對周遭未多加留意，直到生理本能追上心智思考的那一刻，才意識到周圍淨是障礙物。他是「怪人」，最在意老闆的觀感。要是時間真的太晚了，他就得上氣接不著下氣地設法盡快趕到。喜歡抱怨的「兒童」主導一切，他的遊戲是「你看！我多努力在嘗試」（Look How Hard I've Tried）。他開車的時候，幾乎完全失去自主性，他本質上像行屍走肉，而不是活生生的人。這種情況很有可能引發高血壓或冠狀動脈疾病。

2. 另一方面，慍怒的人不關心是否準時上班，他反而是蒐集各種遲到的藉口。意外事故、交通號誌失準、蹩腳的駕駛或其他人犯下的蠢事都符合他的計畫，他暗地裡甚至欣然接受

這些突發狀況的一臂之力，協助他叛逆的「兒童」或自以為是的「父母」進行「看！他們害我這樣」（Look What They Made Me Do）。他一樣對周遭未多加留意，除非眼前發生的事可用來支援自己的遊戲，所以這個人只是要死不活。他的身體在車中，但他的心智早已向外去不斷地尋找各種瑕疵和不公義。

3.「天生的駕駛」較不常見，他視駕駛是一門令人賞心悅目的科學和藝術。他迅速敏捷穿梭於車陣之間，達到人車一體的境界。他一樣對周遭未多加留意，除非環境提供精進駕駛技術的機會，因為這是唯一的獎勵。但是，他非常了解自己以及這輛他操控得宜的機器，從這個層面而言，他活著。這種駕駛在形式上是一種成人自我狀態的消遣，他的兒童自我狀態和父母也能夠從中獲得滿足。

4. 第四種情境則是駕駛人不但感知良好，而且從容，因為他活在此時以及當下：天空、樹木以及移動的感覺。匆忙無異於忽視周遭，只在意長路盡頭某個不在視線範圍之內的事物，或只在意交通阻礙，或只在意自己。有個中國人準備走進地鐵車廂，同行的白人則建議，如果改搭快車，可以節省二十分鐘。他們便決定搭乘快車。他們一走出中央公園車站，中國人立刻坐在長椅上，此舉令他的友人感到詫異。「嗯，好吧，」前者解釋道，「既然我們節省了二十分鐘，我們大可好好利用這多出來的時間坐在這裡，享受周圍的美好風光。」

擁有覺察的人之所以真正活著，在於他很清楚自己的感

覺、他身在何方以及今夕是何夕。他明白，在他死後，這些樹
依然會在，而他卻不能再來這裡看這些樹了，他希望現在可以
盡所能的好好欣賞。

自發：自發意謂著選擇的自由，選擇以及以各式各樣的方
法表達感覺（「父母」、「成人」和「兒童」的感覺）的自由。自
發代表解放，從被強迫進行遊戲中解放，解放他自身原本擁有
的感受，不再受他人的指點。

親密：親密意指一個覺察的人，他所散發出自然且不受遊
戲影響的坦率，解放自己的直觀感知，由未受污染的兒童自我
狀態所展現的純真，活在當下。實驗顯示[3]，直觀感知喚起
一個人的情感，坦率也能推動積極正面的感受，所以才有所謂
「單方面的親密」（one-sided intimacy）——一種專業誘惑者熟知
的現象，儘管名稱不同，但他們根本不必苦苦糾纏便能擄獲伴
侶的心。為了達到這個目的，他們藉由鼓勵對方直視著他們來
暢所欲言，與此同時，男性或女性的誘惑者只需好好地虛應故
事即可。

由於親密在本質上是一種自然的兒童自我狀態的表現（雖
然表現在複雜的心理和社會環境中），如果沒有受到遊戲干預，
結果大多是正面的。親密為適應父母自我狀態的影響而變質，
不幸的是，這幾乎是普遍現象。然而，在此之前，除非或直到
兒童自我狀態受到污染，多數的嬰兒似乎都在付出親密的關愛
之情[4]，這也是親密的本質，一如相關實驗中呈現的。

參考資料

1　Berne, E. "Primal Images & Primal Judgment." *Psychiatric Quarterly*. 29: 634-658, 1955.

2　Jaensch, E. R. *Eidetic Imagery. Harcourt, Brace & Company*, New York, 1930.

3　相關的實驗在舊金山社會精神醫學專題中心小規模進行中。若想有效運用溝通分析做為實驗方法，有賴特殊訓練和經驗，正如有效運用層析法和紅外線光譜法。區分遊戲和消遣的難度，並不亞於分辨恆星和行星。請參考 Berne, E. "The Intimacy Experiment." *Transactional Analysis Bulletin*, 3: 113, 1964. "More About Intimacy." *Ibid*. 3: 125, 1964.

4　有些嬰兒很早就受到污染或飢餓（營養不良，有些則是罹患腹部疾病），從來沒有機會行使這種能力。

17 自主性的實現
The Attainment of Autonomy

從孩子一出生，父母便有意無意地教導他們的行為、思考、感覺和認知。想從父母的影響中解放出來並不容易，因為這些影響早已根深柢固，也是人生前二十年或三十年，維持生物生存和社會生存的必要條件。事實上，唯有一個人開始進入自主狀態時，才有可能追求真正的解脫，而自主狀態是指他建立覺察、自發和親密的能力，以及具備某些判斷力，用以區分自己應該遵循父母的哪些教誨。在生命早期的某些特別時刻，他任由自己決定如何適應父母，這是基於適應行為類似一連串的決定，而決定是可以被改變的，因為在條件允許的情況下，即可被翻轉。

於是，自主性的實現也包括推翻本書第十三、十四和十五章中那些無關緊要的討論。推翻沒有結束的一天：這是一場持久抗戰，讓自己免於沒入過去的思維。

首先，正如第十三章中所討論，個人必須排除部族或家族傳統所帶來的影響，就像瑪格麗特・米德（Margaret Mead）筆下的新幾內亞村民[1]。其次，個人必須捨棄父母、社會以及文

化背景造成的影響。隨後，他以相同的方式，徹底處理現代社會的要求，最後，部分或全面犧牲掉來自個人目前社交圈的好處。他還要放棄本書第十四章所描述的，身為「怪人」或「慍怒的人」輕易便享有的縱容和報償。在此之後，個人必須取得個人和社交控制能力，如此一來，他便依照自己的意志，自由選擇附錄所提及的所有行為類型，除了夢境之外。他已經準備好迎接一段沒有遊戲的人際關係，正如第十五章所探討的範例分析。到了這個階段，他也許已能夠發展自身的自主能力。本質上，整個準備過程包括和父母（以及其他父母自我狀態的影響）和平分手，由此，他才可以偶爾自在地探望父母，而他們已不再擁有主導權。

參考資料

1　Mead, M. *New Ways for Old*. William Morrow & Company, New York, 1956.

18 | 遊戲之後，下一步呢？

After Games, What?

　　本書第一部分和第二部分所呈現的陰鬱景象，不過老生常談，而非最終答案。而那陰鬱景象，無疑是直到死神降臨，或聖誕老人的到來之際，人類生命的重要歷程就是建構時間，在這段漫長的過程中，一個人對於即將面對的事物，幾乎沒有選擇的餘地。對某些幸運的人來說，他找到了超越所有行為分類的事物，那就是覺察；在編列過去時，某種事物浮現其上，那是自發；某種事物其所獲得的報酬更勝心理遊戲，那是親密。但是，這三種事物可能令人心生恐懼，甚至讓尚未準備好的人覺得危險。或許，他們安於當下，並以大眾能夠接受的行動，例如「團結」來尋找解答，才是較明智的做法。這或許代表，做為某一族類，人類已經沒有希望，但身在其中的每一個個體都還有希望。

附錄：行為分類

The Classification of Behavior

　　在任何情況中，人類的行為不外乎以下其中一種或多種類別：

類別一：內在程式（舊精神狀態）。自我中心的行為。

序列：（a）夢境

　　　（b）幻想

　　　　　同一譜系：i. 外部幻想（實現願望）。

　　　　　　　　　　ii. 自我中心溝通，無法適應外部環境。

　　　　　　　　　　iii.自我中心溝通，可以適應外部環境（使用新精神狀態的程式）

　　　（c）神遊

　　　（d）妄想行為

　　　（e）無法自主的行為

　　　　　同一譜系：i. 面部痙攣

　　　　　　　　　　ii. 怪癖

iii.動作倒錯

（f）其他

類別二：可能性程式（新精神狀態）。測驗現實世界的行為。

序列：（a）活動

　　　　同一譜系：i. 職業、行業等

　　　　　　　　 ii. 運動、嗜好等

　　　　（b）程序

　　　　同一譜系：i. 資料處理

　　　　　　　　 ii. 技術

　　　　（c）其他

類別三：社會程式（部分屬於外部精神狀態）。社會行為。

序列：（a）儀式和禮節

　　　　（b）消遣

　　　　（c）操作和操弄

　　　　（d）心理遊戲

次序列：A. 專業遊戲（角狀交流）

　　　　　B. 社交遊戲（雙重交流）

　　　　（e）親密

在這個系統中，本書前述討論的社交遊戲會被歸類為：類別三，社會程式；序列（d），心理遊戲；在次序列中，則屬於B，社交遊戲。

　　親密是「人類行為的終點」，也是最後一種分類，一部分屬於沒有遊戲的生活。

　　對於上述分類，讀者要怎麼吹毛求疵（但切莫嘲笑或挖苦）都可以。筆者並非因為個人偏好才在書中列上此分類，而是因為相較於現有的其他系統，這個分類表更有用、貼近真實而且實用，有助於喜歡或需要分類的讀者。

評論

Commentary

以下是馮內果於一九六五年六月十一日，刊登在《生活》雜誌的書評。

　　這個心理遊戲，稱為「爭吵」：「父親下班回家後，對女兒找碴，而她的反應相當無禮；或者，女兒率先表現得太過放肆，父親因而開始找碴。雙方大聲爭執了起來，衝突愈來愈激烈。結果取決於由誰主動，一共有三種可能：（a）父親回到臥室，砰地一聲關上門；（b）女兒回到臥室，砰地一聲關上門；（c）兩人分別回到各自的臥室，雙雙砰地一聲關上門。無論哪一種情況，『爭吵』遊戲都會出現砰地一聲關上門。在某些特定的家庭裡，『爭吵』遊戲提供了一種令人痛苦、卻意外有效的方法，用以解決父親和青春期女兒之間出現的和性有關的問題。一般而言，唯有對彼此憤怒，他們才能住在同一個屋簷下，砰地一聲關上門所強調的，是他們各自擁有臥室的事實。」

　　艾瑞克・伯恩醫生，五十五歲，任職於舊金山的精神分析師，在一本輕薄短小的科普類書籍《人間遊戲》中如此寫道。伯恩醫生最喜歡的雜誌是《科學》和《瘋狂》＊，鍾愛的書籍

作品則是《庫茲貝許》(*The Kuzzilbash*)和《道恩・金博夫的復仇》（*Dawn Ginsbergh's Revenge*）。伯恩醫生用撲克牌局贏來的獎金，旅行至三十多個國家，造訪該國的心理治療機構。《人間遊戲》在去年八月悄然上市，首刷數量謹慎地控制在三千本。

隨著口耳相傳，《人間遊戲》已經創下四萬一千本的銷量，這個結果毫不令人意外。這本書令人耳目一新，同時引人發噱，內容清晰闡述人類一再上演的心理戲碼。某些人刻意營造常見的社會混亂，藉此獲得某種隱而未顯的寬慰或滿足，伯恩醫生稱之為心理遊戲。

舉例來說，在「試著把錢要回去」(Try and Collect)的一開場，玩家必須清償一筆巨額款項，但他償還的速度極其緩慢（順帶一提，作者認為，兒童通常從父母身上學習這個遊戲）。中間的活動則是低級可笑的威脅和追逐，賴帳不還的人從中嘗到甜頭。最後，債主可能收到金錢，或者放棄，通常引發下一輪悲慘遊戲，例如「我逮到你了，你這個混蛋」或「為什麼這種事老是發生在我身上」。

伯恩在原書一百八十六頁的篇幅中描繪了一百零一種心理

＊ 譯注：《科學》(*Science*) 是全球最權威的學術期刊之一，重視研究的原創性以及科學綜合研究論述，範圍相當廣泛。《瘋狂》(*Mad*) 則是DC漫畫集團旗下的雜誌，以電影、小說和電玩為題材，創作嘲諷和惡搞內容，於多年前停刊之後，又在二○一九年十二月重新復刊。這兩本期刊雜誌的性質截然不同，足以顯露伯恩醫生的特質。

遊戲，他因而顯得和霍爾*一樣有效率。他能夠如此經濟有效地善用篇幅，是因為所有遊戲的主題都是如此悲傷、甜蜜或極其殘酷地相似，而且伯恩醫生以極其生動的命名來形容遊戲，幾乎是望文生義：「踢我」、「要不是為了你」、「我只是想幫你」、「你真是觀察敏銳」、「義肢」、「幫倒忙」以及「我們叫喬伊趕快」。伯恩醫生慎重向史帝芬‧波特致敬**，因為波特是這個領域的先鋒。但是，伯恩也將波特風格的反覆無常放在一邊，要求讀者用尊重的態度看待各種心理遊戲，因為心理遊戲，打個比喻來說，就像定時炸彈，必須即刻拆除。遊戲的結果可能導致離婚、謀殺和自殺。

　　這是一本很重要的作品——倘若對科學研究沒有幫助，也能協助一般人，身陷痛苦的人們需要線索，好理解現下的處境。這本書也像一道精緻的法國料理，宛如一名小說家或劇作家，發揮自己充滿魔力的直覺，透露人生的道理。他們對生命

---

* 譯注：此處的霍爾是指英國作家愛德蒙‧霍爾（Edmond Hoyle），他制定了紙牌遊戲規則。在英文中，「按照規定」也是以霍爾的名字為基礎，即according to Hoyle。馮內果在此引用霍爾的名字讚美伯恩的效率和紙牌大師一樣好。

** 譯注：史帝芬‧波特（Stephen Potter）之名出現在本書第五章。波特是英國作家，知名作品是對坊間「自助」類書籍的諧仿嘲諷。一九四七年，波特出版《遊戲精神的理論與實踐》（Theory and Practice of Gamemanship）一書。這本書探討如何應用可疑但不違法的方法，讓玩家在遊戲或運動比賽中獲勝。波特在書中強調心理層面的應用，足以讓弱勢玩家戰勝強勢玩家。

的領悟，勝過所有醫生。伯恩是名優秀的醫生，他的洞察有助於治癒藝術的發展，也提供萬年之內不致腐朽的人生故事。

　　一本如此聰穎、探討遊戲的書籍，作者無疑充滿玩心，因此，本書的理論論述依舊樂趣橫生。但是，請讀者思考伯恩醫生如何使用輕鬆愉快的圖表，向我們解釋兩人聚會時的溝通形式。他相信，每個成人的內心都有三個部分：宛如兒童的部分、宛如成人的部分，以及模仿父母的部分。任何時刻，這個人的反應就會像「父母」、「成人」以及「兒童」。

　　在九種組合（「父母－父母」、「父母－成人」、「父母－兒童」等）中，兩種不同的自我狀態彼此溝通，有些溝通令人愉快，有些令人惱怒，有些則相當有幫助，另一些則否。醫生並未建議我們隨時以「成人－成人」的關係來溝通。九種組合適合不同的情況。例如，「兒童－兒童」適合用在愛情關係裡。太過簡化了嗎？那是當然。但是，在伊底帕斯複雜糾結的故事之後，伯恩醫生的觀點確實讓我們耳目一新。

　　對遊戲詳實的說明並未造成篇幅厚重之感，即使是內容最為豐富的遊戲亦是如此。我猜想，第一次閱讀這些遊戲的讀者，都會跳過伯恩醫生謹慎建立的理論基礎。毫無疑問，是這些遊戲本身促成這本書的暢銷，因為這些遊戲具備一種詭異特質的魅力，猶如亞伯納・迪恩（Abner Dean）筆下的諷刺漫畫所傳達的「這根本是路易絲阿姨！」讀者這才發現，書中所飽含的豐厚知識已展現在他眼前，而其價值更是倍增。

寇特・馮內果 Kurt Vonnegut
美國最受歡迎的作家之一，代表作品有《第五號屠宰場》、《冠軍早餐》、《自動鋼琴》、《加拉巴哥群島》，以及《時震》等書。

人間遊戲
「PAC模型」×
36種日常心理遊戲，
洞悉人的性格與心理狀態，
迅速和各種人有效地互動
〈人際溝通分析之父
艾瑞克・伯恩經典著作〉

作　　者	艾瑞克・伯恩（Eric Berne）
譯　　者	林曉欽
特約編輯	曹子儀
責任編輯	林如峰
國際版權	吳玲緯
行　　銷	闕志勳　余一霞　吳宇軒
業　　務	陳美燕
副總編輯	何維民
編輯總監	劉麗真
發 行 人	謝至平

Games People Play: The Basic Handbook of
Transactional Analysis
Copyright © 1964 by Eric Berne
Copyright renewed 1992 by Ellen Berne, Eric Berne,
Peter Berne, and Terence Berne
Kurt Vonnegut, Jr., review © 1965 TIME Inc.
Reprinted by permission.
New introduction copyright © 2004 by James Allen
This translation published by arrangement
with Random House,
a division of Penguin Random House LLC.
All rights reserved.

人間遊戲：「PAC模型」×36種日常心理遊戲，
洞悉人的性格與心理狀態，迅速和各種人有效
地互動〈人際溝通分析之父艾瑞克・伯恩經典
著作〉/
艾瑞克・伯恩（Eric Berne）著；林曉欽譯
－初版.－臺北市：麥田出版：
家庭傳媒城邦分公司發行, 2020.11
譯自：Games people play :
the basic handbook of transactional analysis
ISBN 978-986-344-714-6（平裝）
1.人際傳播 2.人際關係
177.1　　　　　　　　　　　108019077

封面設計　莊謹銘
印　　刷　漾格科技股份有限公司
初版一刷　2020年11月
初版十二刷　2024年02月
定　　價　新台幣380元
Ｉ Ｓ Ｂ Ｎ　978-986-344-714-6
Printed in Taiwan
著作權所有・翻印必究

出　版

麥田出版
台北市中山區104民生東路二段141號5樓
電話：(02) 2-2500-7696　傳真：(02) 2500-1966
網站：http://www.ryefield.com.tw

發　行

英屬蓋曼群島商家庭傳媒股份有限公司城邦分公司
地址：10483台北市民生東路二段141號11樓
網址：http://www.cite.com.tw
客服專線：(02)2500-7718; 2500-7719
24小時傳真專線：(02)2500-1990; 2500-1991
服務時間：週一至週五09:30-12:00; 13:30-17:00
劃撥帳號：19863813　戶名：書虫股份有限公司
讀者服務信箱：service@readingclub.com.tw

香港發行所

城邦（香港）出版集團有限公司
地址：香港九龍土瓜灣土瓜灣道86號順聯工業大廈6樓A室
電話：+852-2508-6231　傳真：+852-2578-9337
電郵：hkcite@biznetvigator.com

馬新發行所

城邦（馬新）出版集團【Cite(M) Sdn. Bhd. (458372U)】
地址：41, Jalan Radin Anum, Bandar Baru Sri Petaling,
57000 Kuala Lumpur, Malaysia.
電話：+603-9056-3833　傳真：+603-9057-6622
電郵：services@cite.my